Annette Diepolder

Mit Freunden feiern

Einladungen • Tisch-Deko • Rezepte

Inhalt

Für liebe Gäste

Mit Freunden feiern – macht Ihnen das auch viel Spaß und Freude? Warum also nicht mal wieder ein Fest oder eine Party organisieren und mit netten Gästen gemeinsam schlemmen, lachen und genießen?

Für dieses Buch habe ich ausgefallene Ideen und Anregungen für nicht ganz alltägliche Feste zusammengestellt. Kommen Sie mit auf einen Streifzug quer durch alle Jahreszeiten.

Im Frühling, wenn die ersten warmen Sonnenstrahlen unsere Lebenslust wecken, wird zum Osterbrunch eingeladen. Wenn dann alle Beeren im prächtigen Rot leuchten, empfängt mitten im Grünen eine außergewöhnlich gedeckte Tafel die Gäste zu Kaffee und Kuchen. Schönes Wetter, eine Wiese und feine Leckereien sind die Zutaten für ein Gartenpicknick im Fliegenpilz-Look. Da wird das Buffet einfach auf Strohballen gerichtet und eine umgedrehte Holzkiste wird zum Picknicktisch.
Wenn die Arbeitswoche vorbei ist und sich alle auf das Wochenende einstimmen, kommt eine mediterrane After-Work-Party im Freundeskreis auf jeden Fall gut an. Und an einem warmen Herbstwochenende ist noch einmal Gelegenheit, draußen im Garten zu feiern. Mit den vielen verschiedenen Gemüsesorten lassen sich schöne Dekorationen zaubern. Im Dezember, wenn sich schon alle auf die bevorstehende Weihnachtszeit freuen, wird zum Adventskaffee eingeladen und die tägliche Hektik bleibt vor der Tür.

In diesem Buch finden Sie viele originelle Ideen – von der stilvollen Tischdekoration über leckere Rezepte bis hin zu schönen Anregungen für die Gestaltung rund um das Fest!

Übrigens: Viele Einzelstücke und Details eignen sich auch hervorragend zur jahreszeitlichen Dekoration in Haus und Garten, als Geschenk oder kleines Dankeschön.

Lassen Sie sich inspirieren!

Ihre

Ein großes DANKESCHÖN allen, die zum Gelingen dieses Buches beigetragen haben, insbesondere natürlich meiner Familie für die tolle Unterstützung!

Willkommen Frühling

Farbenfroher Osterbrunch

Endlich wieder Frühling: Zarte Blätter und duftende Blüten zeigen sich an Bäumen und Sträuchern und die ersten warmen Sonnenstrahlen wecken unsere Lebenslust. Jetzt ist der richtige Zeitpunkt, um die Wohnung neu zu dekorieren und dabei mit kräftigen, leuchtenden Farben zu experimentieren. In den Gärtnereien gibt es nun herrlich bunte Frühlingsblumen, Farbtöne in Rosé und Pink wirken jetzt ganz besonders frisch und lebendig. Und liebe Freunde und Verwandte freuen sich über eine Einladung zum großen Osterbrunch.

Blüten, Vögel, Sonnenschein,
Osterei und Hasilein,
Heuschnupfen und kurzes Kleid –
mit einem Wort: die Frühlingszeit!

Heike Wanner

Osterfest

Dekorieren, Basteln und Backen gehören zu der Vorbereitung des Osterbrunchs natürlich dazu. Mit einfachen und unkomplizierten Ideen werden Tisch und Esszimmer wirkungsvoll in Szene gesetzt.

Einladung

Wer könnte bei dieser Einladung widerstehen? Kleine Zinktöpfe mit Schlüsselblumen bepflanzen, den Einladungstext ausdrucken, als Fahne zuschneiden und um einen Holzspieß kleben. Den Topf mit Bändern und Federn verzieren. An diesem schönen Frühlingsgruß hat jeder Gast noch lange Freude.

Stilvolle Deko-Eier

Als Tischdekoration passen edel geschmückte Deko-Eier in weißen Zinkeimern besonders gut. Dazu ein Styroporei auf einen Holzspieß stecken, mit Gips bestreichen und trocknen lassen. In den Zinkeimer Steckmasse einfüllen und das Ei mittig platzieren, rundherum Moos auffüllen. Um das Ei eine große Schleife binden. Fünf gleich lange Stücke Aluminiumdraht wie abgebildet biegen. Die gebogenen Drähte in gleichmäßigem Abstand rund um das Ei verteilt in die Steckmasse schieben und oben die Drahtenden mit dünnem Draht zusammenbinden. Bunte Perlen auf Silberdraht aufziehen und jeweils einen Strang um einen Drahtbogen wickeln. Oben noch einige schmale Bänder anknoten und lang herunterhängen lassen.

Farbiges Ambiente

Schon jetzt können Töpfe, Blumenkästen und Gläser mit bunten Frühlingsblumen bepflanzt werden und eröffnen auf Balkon oder Terrasse farbenfroh die Gartensaison.

Glastöpfe

Möglichst viele verschiedene Glasgefäße mit Frühlingsblühern, die farblich aufeinander abgestimmt sind, bepflanzen – ein Highlight für jeden Fenstersims! Die Gläser unten mit kleinen Steinen oder Dekogranulat befüllen. Die Pflanzen aus den Töpfen herausnehmen und in die Gläser stellen. Die Wurzelballen sehen besonders dekorativ in den durchsichtigen Gläsern aus. Auch Zwiebelpflanzen wie Hyazinthen oder Narzissen eignen sich hervorragend. Kleinere Moosstücke, Äste oder andere Fundstücke aus der Natur runden dieses Arrangement ab. Sobald die Blumen verblüht sind, können sie ausgepflanzt werden. Im nächsten Jahr erwachen sie dann zu neuem Leben und erfreuen uns wieder mit ihren bunten Blüten.

Dekorative Etagere

Aus einfachen Blumenuntersetzern und Tontöpfen lässt sich ganz schnell eine dekorative Etagere zaubern. Sie kann zu jedem Anlass und jeder Jahreszeit neu umgestaltet werden und ist daher ein unverzichtbares Objekt für jede Wohnung. Drei unglasierte Untersetzer in verschiedenen Größen sowie zwei Tontöpfe wie abgebildet aufeinandersetzen. Die Teile mit Heißkleber fixieren. Die Eier in unterschiedlichen Größen wie oben beschrieben gestalten und auf der obersten Plattform mit Moos, Blättern und Blüten dekorieren. Alle anderen Ebenen ebenfalls mit Moos belegen, kleine Primeln in Gläser pflanzen und rundum mit vielen zusätzlichen Blütenköpfen dekorieren.

Blütenpracht

Frühlingsblüher gibt es in vielen verschiedenen Farben, von Weiß und Gelb über Rosa, Rot und Blau bis hin zu zartem Violett. Die bekanntesten sind Schneeglöckchen, Gänseblümchen, Primeln, Tulpen, Schlüsselblumen, Narzissen, Hyazinthen, Veilchen und Krokusse.

Frühlingsfrische

Beim Rundgang durch den Garten findet sich allerlei Naturmaterial, das sehr gut zur Dekoration auf dem Ostertisch geeignet ist. Dabei werden zum Beispiel Moos und Birkenäste mit den ersten frischen Blüten kombiniert und wirken nun selbst frühlingshaft leicht.

Osternest

Die Überraschung liegt bereits zu Beginn des Festes auf dem Teller: Jeder Gast erhält sein ganz persönliches Osternest! Hierfür eine Baumscheibe mit Moos bekleben. Aus Birkenästen einen kleinen Kranz formen und um die Baumscheibe herumlegen. Das Kranzinnere mit Moos auffüllen. Jetzt noch einzelne Blütenköpfe und ein Schokoladenei in das Nest setzen. Auch kleine, liebevoll verpackte Geschenke passen gut hinein. Darüber freuen sich große genauso wie kleine Gäste. Lassen Sie sich für jeden etwas Besonderes einfallen!

Eier-Hütchen

Gekochte Eier gehören selbstverständlich zu einem Osterfrühstück dazu. Mit bunten Stoffhütchen dekoriert, sehen sie sehr lustig aus.
Für jedes Hütchen zwei verschiedenfarbige Stoffstücke, je 16 x 16 cm, zuschneiden. Die Stoffe rechts auf rechts legen, verstürzen und wenden, dazu eine Seite offen lassen. Das Quadrat bügeln und vier Nähte anbringen: Das Stoffquadrat mittig zusammen legen und von der Mitte der Bruchkante aus jeweils bis zur Mitte der Schmalseiten zusammennähen (1). Den Stoff auffalten und die Nähte aufeinanderlegen. Jetzt nochmals zweimal von der oberen Mitte aus abnähen (2). Das Hütchen wenden. Den oberen Zipfel mit zwei schmalen Bändern abbinden und ein Gänseblümchen einstecken.

(1)

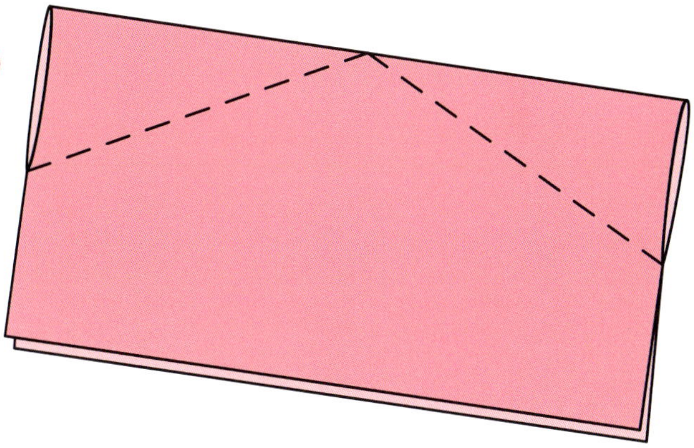

(2)

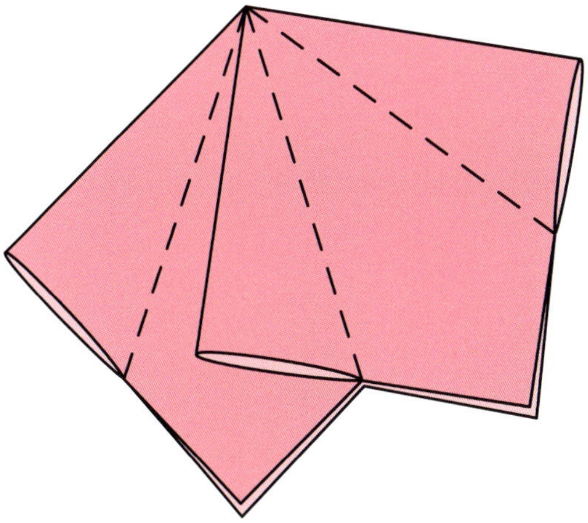

Feinschmecker

In selbst gemachten Leckereien stecken viel Zeit und Liebe. Die Zutaten sind sorgfältig ausgewählt, das verspricht puren Genuss.

Originelle Marmelade

Natürlich darf selbst gemachte Marmelade auf dem Frühstückstisch nicht fehlen. Verschiedene Zutaten in außergewöhnlicher Zusammenstellung laden zum Probieren ein. Die Gläserdeckel mit einem farblich passenden Stoff und einem Etikett verzieren.

Erdbeere-Rhabarber mit Vanille & Pfeffer
(für ca. 4 Gläser à 200g)

600 g Erdbeeren, 400 g Rhabarber
1 Vanilleschote, 1 TL frisch gemahlener schwarzer Pfeffer
50 ml Rum
500 g Gelierzucker 2 : 1

Alle Zutaten waschen, schneiden, in einen Topf geben und die Marmelade entsprechend den Angaben auf der Gelierzucker-Verpackung kochen. Die fertige Marmelade in Gläser füllen.

Kiwi-Zitronen-Marmelade mit Petersilie
(für ca. 4 Gläser à 200g)

2 Kiwi, 3 Limetten
3 Zitronen
1 Bund Petersilie
Gemahlener Nelkenpfeffer
300 g Gelierzucker 2:1

Zitronen und Limetten auspressen, den Saft und das Fruchtfleisch zusammen mit den geschälten und in Stücke geschnittenen Kiwis in einen Topf geben. Die Petersilie pürieren und zugeben, Nelkenpfeffer nach Geschmack hinzufügen. Die Marmelade entsprechend den Angaben auf der Gelierzucker-Verpackung kochen und in Gläser füllen.

Kerzenidee

Eine Kerze passt gut zum Osterbrunch, vor allem, wenn sie so originell gestaltet ist. Die Gänseblümchenköpfe mit Stecknadeln in dem Wachs befestigen. Die Kerze auf einem Teller mit einem Kranz aus Birkenreisig und Blättern arrangieren. Sehr schön eignen sich hier die frischen Blätter des Frauenmantels.

Nach Lust & Laune

Die einen mögen's süß, die anderen lieber herzhaft. Und so steht hier für jeden das Richtige auf dem Tisch.

Bärlauch-Röllchen

Ein herzhafter Snack mit frühlingsfrischem Bärlauch darf beim Frühlingsfest nicht fehlen. Ein großes Bärlauchblatt mit Bärlauchfrischkäse bestreichen und aufrollen. Jede Rolle mit einem Zahnstocher fixieren und die obere Spitze mit einem Gänseblümchenkopf dekorieren.

Osterkuchen

Zur Krönung des Brunchs gibt es einen leckeren Osterkuchen. Dekoriert mit Blütenköpfen, Schokolade und Marzipanrosen ist er ein wahrer Gaumenschmaus. Wenn nicht alles aufgegessen wird, schmeckt dieser Kuchen auch noch am nächsten Tag richtig gut.

Osterkuchen

250 g Butter oder Margarine
200 g Zucker
1 Päckchen Vanillezucker
250 g Mehl
1 Päckchen Backpulver
100 g Raspelschokolade
4 Eier
200 ml Eierlikör
Saft einer ½ Zitrone
150 g Preiselbeermarmelade
Zum Verzieren: Kuchenglasur,
Marzipanröschen, Gänseblümchenköpfe

Butter, Zucker, Vanillezucker und den Zitronensaft schaumig rühren. Nach und nach die Eidotter unterrühren. Mehl und Backpulver mischen, Raspelschokolade zugeben und abwechselnd mit dem Eierlikör unter die Buttermasse rühren. Eiweiß steif schlagen und unter den Teig heben. Den Teig in eine mit Backpapier ausgelegte Kastenform (30 cm groß) füllen, die Marmelade mit einer Gabel unterziehen und den Kuchen im vorgeheizten Ofen bei 180 °C etwa 1 Stunde backen. Den Kuchen auskühlen lassen, mit der Glasur überziehen und mit den Röschen und Gänseblümchen verzieren.

Zartes Allerlei

Rosa, Pink & Maigrün sind die Farben des Frühlings. Alle Schattierungen und Farbkombinationen sind hier möglich. Auch Vorhangstange, Lampe und Stuhl werden mit Blüten geschmückt und so neu in Szene gesetzt.

Osterglöckchen

Frühlingsstimmung verbreiten kleine Stoff-Osterglocken, die an der Lampe hängen. Sie werden so genäht wie die „Eier-Hütchen" von Seite 15, allerdings aus Stoffquadraten in der Größe 8 x 8 cm. Zur Aufhängung ein schmales Band durch die Spitze ziehen und mit einem Knoten fixieren, am unteren Bandende ein Glöckchen anknoten. Ein zusätzliches längeres Band in einer anderen Farbe anbringen.

Stuhl-Deko

Mit Reagenzglas, Stoffband und einer kleinen Blume ist jeder Stuhl schnell aufgepeppt. Das Reagenzglas mit einem Band in Zickzackform umwickeln, Wasser und Pflanze einfüllen. Zum Aufhängen am oberen Rand des Glases ein Stück Draht anknoten und durch die Stuhllehne fädeln. Für eine Stuhl-Deko, die lange frisch bleibt, sind Stoffblüten oder getrocknete Blumen eine prima Alternative.

Tulpen

Tulpen am Fenster sorgen für fröhliche Stimmung. Dazu die Tulpenvorlage nach Wunsch vergrößern und aus 4 mm starkem Sperrholz aussägen. Die Kanten abschleifen und die Blüten mit Acrylfarben in Pink und Rosa bemalen. Für den Stiel ein grünes Satinband wie abgebildet anbringen. Für die Aufhängung ein kleines Loch in das mittlere Blütenblatt bohren und die Tulpenblüte mit einem schmalen Band an der Gardinenstange anbringen.

Augenweide

Manche liebevoll arrangierten Details fallen erst auf den zweiten Blick auf und sind deshalb besonders reizend. Einmal entdeckt, sind sie eine schöne Überraschung. Für einen außergewöhnlichen Anlass lohnt es sich, für die Gäste kreativ zu werden.

Raffiniert serviert

Selbst gemachter Eierlikör, in verzierten Schokoladenbechern serviert, ist eine ausgefallene Idee – nicht nur zur Osterzeit.

Eierlikör (für 200 ml)

6–7 Eigelb
300 g Puderzucker, 1 Päckchen Vanillezucker
½ l Sahne
180 ml Weingeist (Alkohol, 90 %, aus der Apotheke)
Zuckerguss aus der Tube

Eigelb, Puderzucker und Vanillezucker gut verrühren. Zuerst Sahne, dann den Alkohol langsam unter Rühren zugeben. Die fertigen Schokoladenbecher mit handelsüblichem Zuckerguß verzieren.
Den Eierlikör in eine Flasche füllen und mit einem selbst gestalteten Etikett verzieren.

Blumen in der Tüte

Ein passendes Geschenk für die Gastgeber ist diese Tüte voller Frühlingsblumen. Die Papiertüte einfach frei Hand beschriften. Am besten die Schriftzüge zunächst mit Bleistift aufmalen und die Buchstaben dann mit dickem Filzstift nachfahren. Die Blumen in die Tüte packen und die Henkel mit langen, bunten Bändern zusammenbinden.

Eierlikör
Kühl gelagert 3 Monate haltbar.
Vor Gebrauch schütteln.

Im warmen Sonnenschein

Beerenstarkes Sommerfest

Der Sommer ist da: Stauden, Büsche und Pflanzen hängen jetzt voll mit saftigen Früchten. Erdbeeren, Johannisbeeren und Himbeeren leuchten in schönstem Rot. Da steht einer Einladung zur Sommerparty nichts mehr im Weg. Im Garten empfängt eine festlich gedeckte Tafel die Gäste zu Kaffee und Kuchen. Vielleicht steht auch ein runder Geburtstag, eine Einweihungsparty oder vielleicht sogar eine Verlobungsfeier an, dann darf es ruhig auch einmal üppiger zugehen. Die etwas aufwendigere Vorbereitung des Fests lohnt sich auf jeden Fall – Ihre Gäste werden staunen!

Der Käfer sagt zur Käferin:
„Heut' habe ich nur eins im Sinn.
Die Sonne scheint, die Beeren reifen,
komm, lass' uns durch die Wiesen streifen!"

Heike Wanner

Sommerzeit

Der erste Blick der Gäste geht garantiert zu dem auffälligen Grünstreifen mitten auf dem Tisch. Dazu wird eine einfache Bierzeltgarnitur mit weißen Hussen überzogen und schon ist eine edle Basis für die ausgefallene Tischdekoration entstanden. Buntes Geschirr unterstreicht die fröhliche Stimmung.

Rasen-Tisch

Für den Grünstreifen eine Bahn Rollrasen auf etwa 25 cm Breite zurechtschneiden und auf einer Folie oder in einer passenden Blechwanne mittig auf den Tisch legen. Einzelne bunte Blütenköpfe darauf verteilen, das ergibt ein harmonisches Bild.

Vorlage „Einladung“

Einladung

Die Einladung zum Sommerfest ist in einem selbst gemachten Erdbeertäschchen verpackt. Dazu die Vorlage zweimal aus rotem Filz, 3 mm stark, zuschneiden. Ein Filzteil mit gelben Rocailleperlen besticken. Beide Teile mit einfachen Heftstichen zusammennähen, oben offen lassen. Aus grünem Filz den Blätterkranz einmal ausschneiden und auf das Vorderteil kleben.

Deko-Torte

Die Blütentorte mit Kirschgarnitur ist eindrucksvoll und doch ganz leicht nachzumachen. Zwei Steckschaumzylinder, je 22 cm Ø, aufeinanderstellen. Den oberen Zylinder mit einem Messer auf etwa 15 cm Ø zurechtschneiden. Die Steckschaumteile wässern und wie abgebildet Blütenköpfe rund herum einstecken. Dabei vor allem Blüten mit stabilen Stängeln verwenden, wie zum Beispiel Margeriten oder Chrysanthemen. Ganz oben einige dunkle, reife Kirschen locker auftürmen. Auf einer Tortenplatte mit Fuß kommt das Arrangement besonders gut zur Geltung, als Unterlage dienen einige große Blätter aus dem Garten.

Farbenfroh

Sonnenschein, kräftige Farben, Bienensummen – das und noch viel mehr ist Sommer. Mit einfachen Ideen und ausgewählten Zutaten wird diese heitere Stimmung eingefangen und mit lieben Gästen geteilt.

Serviettenringe

Aus festem Filz jeweils einen Streifen, 18 x 6 cm, zuschneiden. Die verschiedenen Stickmotive entweder mit der Nähmaschine mittig auf den Filzstreifen nähen oder mit Textilkleber aufkleben. An beiden Schmalseiten mit der Lochzange drei Löcher einstanzen, ein passendes Stoffband durchziehen und verknoten. Alternativ kann der Filzstreifen auch zusammengenäht oder mit Textilkleber verbunden werden.

Gastgeschenke

Jeder Gast findet als kleine Erinnerung an diesen besonderen Nachmittag ein kleines Geschenk auf seinem Platz. Die Buttons mit den Beerenmotiven sind Fertigteile und können bestellt werden. Sie sehen wunderschön an T-Shirts, Taschen oder an der Pinnwand aus. Für die Schachtelverpackung die Vorlagen für den Deckel sowie das Unterteil jeweils aus Fotokarton ausschneiden. Dann an den gestrichelten Linien knicken und zusammenkleben. Auf die Deckelmitte eine Holzperle kleben. Für den Blütenstiel ein Stück stabilen Draht mit grünem Band umwickeln und in die Perlenöffnung einkleben. Auf die Drahtspitze einen künstlichen Margeritenblütenkopf aufstecken.

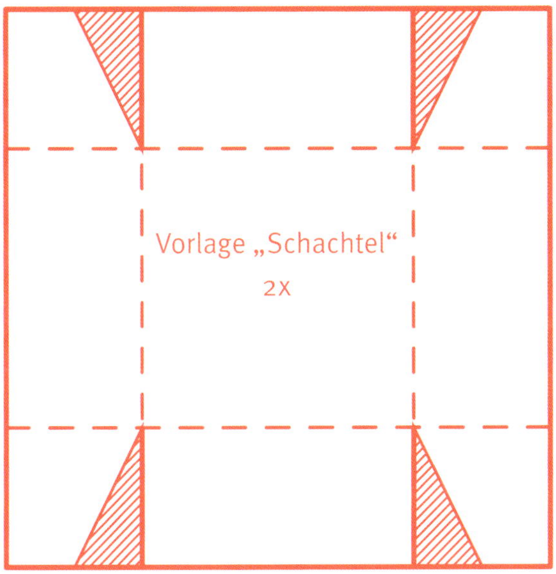

Bunte Abdeckhaube

Süßes lockt Insekten an, doch die lustige Abdeckhaube aus grobem Maschendraht und Bändern hält die ungebetenen Besucher fern. Aus dem Maschendraht ein rechteckiges Stück, 75 x 30 cm, abschneiden, zur Rolle formen und mit den losen Drahtenden fixieren. Am oberen Rand den Draht mehrmals etwa 12 cm tief einschneiden, die einzelnen Rechtecke rechtwinklig nach innen biegen und so den Haubendeckel formen. Durch Umbiegen aller Drahtenden den Deckel komplett befestigen. Verschiedene bunte Stoffbänder reihenweise durch den Maschendraht flechten, jede Reihe am Ende mit einem Knoten fixieren. Für den Griff ein Stück Aluminiumdraht um einen runden Gegenstand herumbiegen, mittig am Haubendeckel anbringen und mit einem Stoffband umwickeln. Beim täglichen Gebrauch in der Küche hält die Abdeckhaube kleine Fliegen von Obst und Getränken fern und ist gleichzeitig ein fröhlich-bunter Blickfang.

Eine Extraportion Frische

Eine Beerenkaltschale schmeckt an heißen Tagen ganz besonders lecker und erfrischt.

Beerenkaltschale (für 4 Personen)
800 g gemischte Beeren (Erdbeeren, Himbeeren, Johannisbeeren, Brombeeren)
100 g Zucker, 1 Becher Zabaione aus dem Kühlregal, Minzeblätter

Die Beeren waschen und putzen, mit dem Zucker mischen und anschließend pürieren. Von der Zabaione mit einem Esslöffel Nocken abstechen und auf der Kaltschale anrichten. Mit einigen ganzen Früchten und zwei Minzeblättern dekorieren.

Vorlage „Johannisbeere“

Vorlage „Erdbeere“

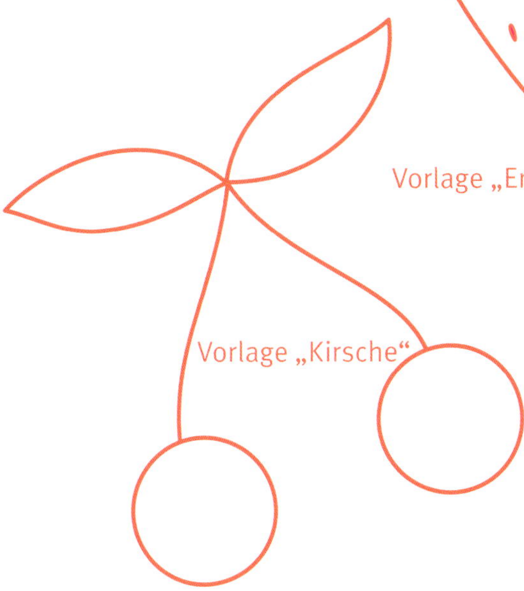

Vorlage „Kirsche“

Bemalte Teller

Serviert wird die Kaltschale auf schön bemalten Tellern. Die Motive mit Kopierpapier auf die Teller übertragen und wie abgebildet mit Porzellanfarbe bemalen. Die Farben im Backofen fixieren, dazu die Herstellerangaben beachten.

Früchtemix

Fruchtsäfte, am besten selbst gemacht, konservieren das Aroma des Sommers und sind Vitaminbomben für kältere Tage. Prosecco oder Mineralwasser mit einem Schuss Johannisbeersaft schmeckt köstlich, ausprobieren lohnt sich!

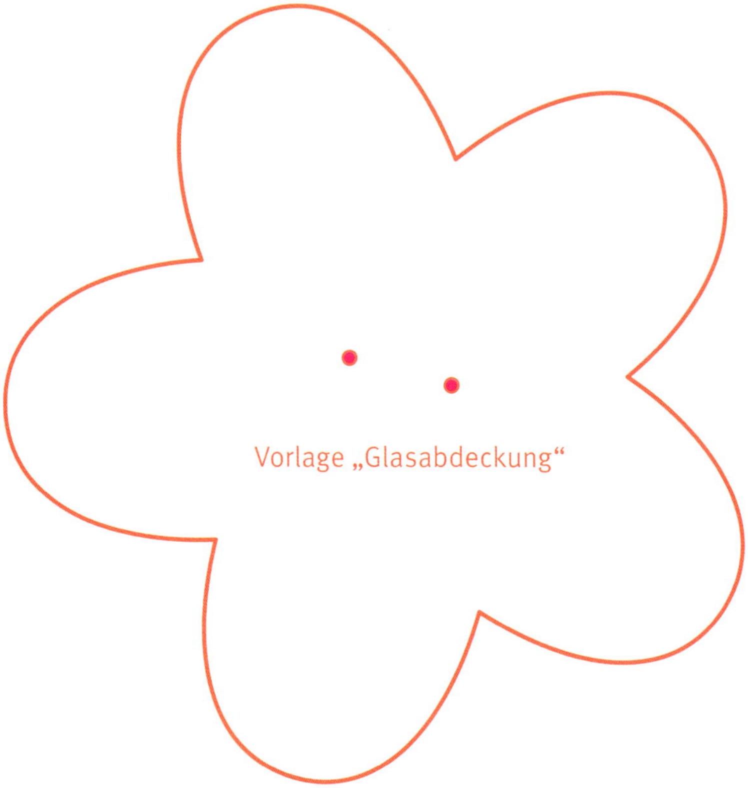

Vorlage „Glasabdeckung“

Blüten-Tablett

Ein Holztablett rot bemalen, nach dem Trocknen die Blütenvorlage passend vergrößern, mit Kopierpapier übertragen. Die weiße Blüte aufmalen und verzieren.

Glasabdeckung

Die Vorlage entsprechend dem Glasdurchmesser vergrößern, aus 6-mm-Sperrholz aussägen und bemalen. In die Mitte jeder Blüte ein Loch bohren, einige schmale Stoffbänder durchziehen und diese von unten mit einem Knoten sichern.

Farbige Gläser

Die Gläser mit Glasmalfarben bemalen. Dafür die Vorlagen von Seite 31 in entsprechender Größe auf ein weißes Papier übertragen und das Motiv in das Glas einstecken. Jetzt die Flächen bemalen, trocknen lassen und nach den Herstellerangaben weiterverarbeiten. Einige Hersteller bieten auch spülmaschinenfeste Farben an!

Bowle & Co.

Die Beerenbowle wird am besten auf einem bemalten Tablett serviert. Zusammen mit den passenden Gläsern ist das ein schönes Ensemble.

Erfrischende Beerenbowle (für 8 Personen)

1 Tiefkühl-Beerenmischung
1 Flasche Tonic Water
1 Flasche Ginger Ale
2 Flaschen Bitter Lemon

Die Getränke in eine Karaffe oder einen großen Bowletopf schütten, die tiefgekühlten Beeren dazugeben. Nach etwa 15 Minuten sind die Beeren angetaut und die Bowle kann serviert werden.

Mitbringsel

Ein leckeres und gleichzeitig praktisches Mitbringsel ist diese Gugelhupf-Backform, die mit verschiedenen Früchten der Saison gefüllt ist. Dabei unten in die Form größeres Obst, zum Beispiel Pfirsiche und Pflaumen, füllen, darauf dann Erdbeeren, Johannisbeeren, Himbeeren und Kirschen arrangieren.

Fruchtige Baiser-Torte

250 g Zucker
50 g Speisestärke
2 TL Backpulver
8 Eiweiß
300 g Crème fraîche
Puderzucker
200 g Sahne
2 EL Götterspeisenpulver „Himbeere"
Verschiedene gemischte Beeren

Zucker, Speisestärke und Backpulver mischen. Eiweiß steif schlagen, dabei die Zuckermischung langsam einrieseln lassen und weiterschlagen, bis der Eischnee glänzt. Aus der Eiweißmasse auf einem mit Backpapier belegten Backblech einen 1 cm dicken Tortenboden mit etwa 26 cm Ø aufstreichen. Den Tortenrand mit einem Esslöffel großzügig aufsetzen. Im vorgeheizten Backofen bei 100 °C auf unterster Stufe etwa 5 Stunden trocknen lassen. Die Backofentür dabei einen Spalt offen halten. Den Baiserboden abkühlen lassen. Kurz vor dem Servieren die Sahne steif schlagen, die Crème fraîche mit dem Puderzucker aufschlagen und unter die Sahne mischen. Die Mischung auf den Baiserboden geben und mit den gewaschenen Früchten dekorieren.

Süße Köstlichkeiten

Von frischen Beeren in allen Variationen bekommt man im Sommer nicht genug. Sie passen zu Salaten genauso wie zu Desserts und Kuchen. Diese süßen Früchte schmecken einfach gut und man kann sich ohne schlechtes Gewissen an ihnen satt essen.

Beerenmix

Die leichte und luftige Baiser-Torte schmeckt lecker zum Nachmittagskaffee und ist gut vorzubereiten. Außerdem gelingt sie garantiert. Eine Tasse Kaffee passt genauso gut dazu wie ein spritziges Glas Beerenbowle – jeder nach seinem Geschmack.

Sommerbrise

Der leichte Sommerwind, der durch die Blätter weht, streicht angenehm erfrischend über die Haut. Das spannende Spiel von Licht und Schatten erfreut die Augen und lädt zum Träumen ein.

Vorlage „Erdbeere“

Windspiel

An einen Metallring, 20 cm Ø, viele bunte Bänder in unterschiedlichen Breiten befestigen. Von jedem Band etwa 60 cm lange Stücke abschneiden und mit Heißkleber um den Metallring kleben. Als Aufhängung drei zusätzliche Bänder am Ring anknoten. Einzelne Bänder mit Deko-Kirschen und Filz-Erdbeeren verzieren.

Filz-Erdbeeren

Aus rotem Filz die Vorlage für die Erdbeere zweimal ausschneiden, den Blätterkranz sowie einen Erdbeerstiel (ca. 1 cm lang) einmal aus grünem Filz. Auf den beiden Erdbeerteilen einige gelbe Rocailleperlen aufnähen, dann die beiden Teile mit einfachen Heftstichen zusammennähen, dabei den Stiel zwischenfassen und mit Bastelwatte ausstopfen. In die Mitte des Blätterkranzes einen Schlitz schneiden und über den Stiel schieben. Er kann eventuell mit einem Tropfen Klebstoff gesichert werden.

Deko-Kirschen

Aus grünem Filz die Blätter nach der Vorlage ausschneiden. Ein etwa 20 cm langes Stück Schnur oder eine Baumwollkordel abschneiden und um die Blattmitte herumknoten. Auf jedes Ende noch eine rote Holzperle aufziehen und mit einem Knoten und einem Tropfen Klebstoff sichern.

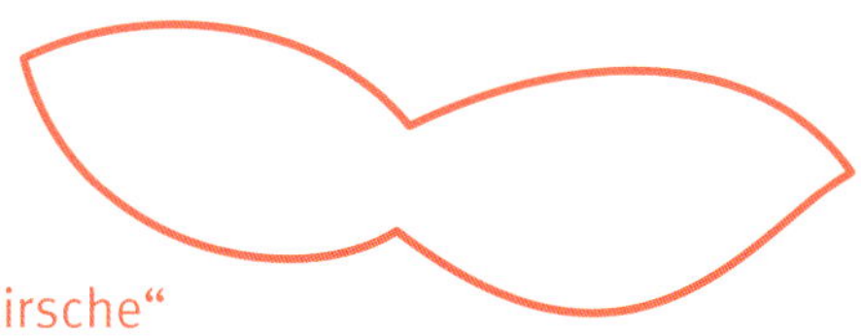

Vorlage „Kirsche“

Treffpunkt Stehtisch

Mediterrane After-Work-Party

Die Arbeitswoche ist vorüber, das Wochenende steht vor der Tür. Da kommt eine Einladung zur After-Work-Party bei sommerlichen Temperaturen im Freundeskreis bestimmt gut an. Dazu gehören feines Finger-Food, kühle Getränke und unterhaltsame Gespräche mit netten Leuten. Ein Buffet mit Leckereien ist schnell aufgebaut, dazu noch eine mediterrane Dekoration – die Party kann beginnen! Für eine lockere Atmosphäre sorgen verschiedene Stehtische. Die Gäste haben hier keinen festen Platz, es ergeben sich immer wieder neue Grüppchen und so geht der Gesprächsstoff garantiert nicht aus.

After Work und gleich ans Meer –
wenn's doch nur so einfach wär!
Doch Party findet trotzdem statt,
enjoy the day – und esst Euch satt!

Heike Wanner

Roc
du
Gouverneur
RIOJA
Inge
Sonja
Axel
Kerstin + Franz
Petra

Einladung

Zur mediterranen Stimmung passt eine bunte Chilischote auf der Einladungskarte. Den Einladungstext ausdrucken, zuschneiden und auf einen schwarzen Karton kleben. Für die Befestigung der Chilischote zwei kleine Löcher in die Karte stechen und die Schote mit einem Stück Draht festbinden.

Kugelig

Für die dekorative Vase zwei Kränze aus verschiedenen Zweigen zusammenwickeln und mit Draht fixieren. Die Artischocke in ein Sisalbett setzen und im Topf dekorieren. Für die obere Mitte drei Perlen auf einer Stecknadel aufreihen und einstecken. Auf einen Draht mehrere Perlen aufziehen und locker um die Artischocke herumschlingen.

Gastgeschenke

Kleine Geschenke für die Gäste versüßen deren Nachhauseweg, zum Beispiel diese feinen karamellisierten Salbei-Walnüsse in einem originellen selbst gemachten Tütchen verpackt.

Für die Tüte mit dem Computer ein DIN-A4-Blatt komplett mit „Karamellisierte Salbei-Walnüsse“ beschriften, dabei jeden Schriftzug in einer anderen Schriftart formatieren. Das Blatt ausdrucken, auf 21 x 19 cm zuschneiden und 2 cm der Breite als Kleberand nach innen falten. Das nun 19 x 19 cm große Papier einmal schräg falten und die Tüte am Kleberand zusammenfügen. Jeweils eine Portion Salbei-Nüsse in ein Zellophantütchen packen, dieses verschließen und in die Papiertüte stecken.

Salbei-Walnüsse (für 4 Personen)

5 TL getrockneter Salbei oder
15 frische Salbeiblätter, 100 g Zucker
200 g Walnusskerne, 1 TL Öl

Zucker und 2 EL Wasser in einem kleinen Topf bei mittlerer Hitze unter Rühren aufkochen. Etwa 2 Minuten weiterkochen, dann ist ein Sirup entstanden. Den Topf vom Herd nehmen, Walnüsse und den in Streifen geschnittenen Salbei unterrühren, bis die Nüsse vom Sirup umhüllt sind. Den Topf wieder auf den Herd stellen und alles so lange unter Rühren erhitzen, bis der Zucker sich hellbraun färbt und die Nüsse glänzen. Die Nüsse auf einen mit Öl bestrichenen Teller schütten und abkühlen lassen.

Partytime

Mediterrane Gewürze schmeicheln unseren Nasen mit ihrem unverwechselbaren Duft. Basilikum, Thymian, Salbei, Rosmarin … die Auswahl ist groß.

Komplettpaket

Balsamico-Essig, Olivenöl, Zitronen, Schalotten und Kräuter, dazu noch die passenden Rezepte, was will man mehr? Auf jede Flasche das entsprechende Rezept aufkleben und mit den anderen Zutaten in der Salatschüssel arrangieren.

Balsamico-Schalotten

250 g Schalotten, 2 EL Honig
20 g Butter, 4 EL Balsamico
Salz, Pfeffer, Thymian

Schalotten schälen und längs halbieren. In einer beschichteten Pfanne Honig und Butter erhitzen. Schalotten zufügen und ca. 2 Minuten auf mittlerer Temperatur dünsten und hin und wieder umrühren. Mit Pfeffer, Salz und Thymian würzen und mit dem Balsamico-Essig ablöschen. Auf niedrigster Stufe ca. 5 Minuten garen lassen. Köstlich als Beilage zu Wildgerichten und Gegrilltem.

Zitronen-Olivenöl-Vinaigrette

4 EL Zitronensaft mit Salz, Pfeffer und einer kräftigen Prise Zucker würzen. 6–7 EL Olivenöl unterschlagen. Von zwei Zweigen Zitronenmelisse die Blättchen abzupfen, in Streifen schneiden und unterrühren. Köstliches Dressing zu allen Blattsalaten.

Zitronen-
Olivenöl-
Vinaigrette
4 EL Zitronensaft mit
Salz, Pfeffer und 1
kräftigen Prise Zucker
würzen.
6-7 EL Olivenöl
unterschlagen.
Von 2 Zweigen
Zitronenmelisse die
Blättchen abzupfen, in
Streifen schneiden und
unterrühren.
Balsamico-
Schalotten
250 g Schalotten
2 EL Honig
20 g Butter
4 EL Balsamico
Salz, Pfeffer, Thymian
Schalotten schälen und längs
halbieren. In einer
beschichteten Pfanne Honig
und Butter erhitzen.
Schalotten zufügen und ca.
2 Minuten auf mittlerer
Temperatur dünsten und hin
und wieder umrühren. Mit
Pfeffer, Salz und Thymian
würzen und mit dem

Feine Leckereien

An so einem reichhaltigen Buffet fällt manchem die Entscheidung schwer. Mit einer Menütafel und originellen Schildchen finden aber bestimmt alle das, was ihnen am besten schmeckt.

Buffet-Schilder

Jede Fingerfood-Platte mit einem kleinen Schildhalter ausstatten. Für den Halter einen Kieselstein mit Aludraht umwickeln, etwa 10 cm gerade stehen lassen und am Ende eine spiralförmige Öse anbringen. Zwischen die Windungen ein beschriftetes Kartonstück schieben.

Serviettenringe

Für diese Serviettenringe werden verschiedene Nudelsorten in unterschiedlichen Farben zweckentfremdet. Besonders witzig ist, dass dies erst auf den zweiten Blick so richtig auffällt. Einfach die Nudeln mit Heißkleber auf die Holzringe aufkleben.

Drahtfliege

Für die Drahtfliege ein 70 cm langes Stück silbernen Wickeldraht abschneiden. Zuerst eine Rocailleperle und eine Glasperle für den Kopf auffädeln und in die Drahtmitte schieben. Ein Drahtende durch die Glasperle zurückfädeln und damit den Kopf fixieren. Jetzt den runden Körper wickeln und jeweils zwei Flügel auf jeder Körperseite formen. Mehrmals die Drähte durchziehen, das fixiert den Körper. Für den hinteren Körperteil beide Drähte durch eine längliche Glasperle ziehen. Jedes Drahtstück einzeln zu einem Bein formen, verdrehen und den übrigen Draht abschneiden.

Menütafel

Mit dieser Menütafel wissen alle Gäste gleich auf einen Blick, welche feinen Leckereien auf dem Buffet warten. Eine Leinwand in Hellgelb ungleichmäßig grundieren. Die Speisenübersicht ausdrucken oder von Hand schreiben und auf ein farblich passendes Stück stabilen Karton kleben. Mit Haftpunkten (Pattafix) auf der Leinwand befestigen. Die Tafel mit einer Girlande aus Drahtblättern und Drahtfliegen dekorieren. Ob die echten Fliegen ihre drahtigen Brüder erkennen?

Blättergirlande

Für die Blättergirlande aus silbernem Wickeldraht in unregelmäßigen Abständen Blätter formen, sie dabei zum Fixieren einmal verdrehen. Die Blätter mit grüner Strohseide beziehen. Dazu die Blattform mit etwa 1 cm Zugabe aus der Strohseide ausschneiden, den Rand mit Klebstoff bestreichen und um den Draht herum fixieren. Drahtfliegen und Blättergirlande an der Menütafel befestigen: An der Unterseite der Fliegenkörper ein Stück Draht anbringen, die Enden duch die Leinwand stecken und auf der Rückseite verdrehen. Einzeln passt die Girlande übrigens auch gut zu anderen Dekoobjekten.

Klein & fein

Fingerfood ist trendy, einfach zu essen und schmeckt absolut vorzüglich. Rezepte gibt es mittlerweile sehr viele, da fällt die Auswahl schwer.

Aufgespießt

Spieße eignen sich besonders gut für ein Häppchen-Buffet. Mit ein wenig Kreativität entstehen ganz individuelle Modelle.

Frischkäsebällchen auf Pumpernickel

Frischkäsebällchen aus dem Kühlregal
Runde Party-Pumpernickeltaler

Die Frischkäsebällchen in verschiedenen Gewürzen wälzen, z. B. in Curry, Schnittlauch, Paprika, Kokosflocken. Jeweils ein Bällchen auf einen Brottaler setzen und eine Holzgabel einstecken.

Rouladenspieße

Eine originelle Idee für das Sommerbuffet: Rouladenspieße mit Mini-Drahtfliegen halten kleine Zucchiniröllchen zusammen. Die Anleitung für die Drahtfliegen finden Sie auf Seite 44.

Zucchini-Schinken-Röllchen (für 4 – 6 Personen)

Kleine Zucchini
Luftgetrockneter Serrano-Schinken in Scheiben
Olivenöl
Geriebener Parmesan
Pfeffer

Die Zucchini waschen und mit Schale längs in dünne Scheiben schneiden. Öl in einer Pfanne erhitzen und die Zucchinischeiben darin auf jeder Seite 2 Minuten anbraten. Jede Zucchinischeibe mit Schinken belegen, Parmesan und Pfeffer darüberstreuen, einrollen und einen kleinen Metallspieß einstecken.

Lebensart

Bei diesen stilvoll präsentierten Häppchen werden Ihre Gäste staunen.

Der Aufwand ist überschaubar, die Wirkung jedoch grandios.

Löffelpäckchen

Neue Ehren für altes Silberbesteck: Die Lachspäckchen mit Dill und Avocado auf rund gebogenen Silberlöffeln servieren. So werden die Löffel gebogen: Zwei Rundhölzer mit jeweils etwa 3 cm Durchmesser nebeneinander senkrecht in den Schraubstock einspannen, dabei beträgt der Abstand zwischen den Hölzern etwa 3 mm, entsprechend der Stärke des Löffelstiels. Das Ende des Löffelgriffs zwischen die Hölzer stecken und den Stiel um das Rundholz herumbiegen.

Lachspäckchen

Räucherlachs
Reife Avocado
Dill, Zitronensaft
Salz, Pfeffer

Das Avocado-Fruchtfleisch in kleine Würfel schneiden, Dill fein hacken, beides mit Zitronensaft mischen und leicht salzen und pfeffern. Die Lachsscheiben mit jeweils 1 EL der Avocado-Mischung belegen, zum Päckchen falten und auf dem Löffel anrichten. Mit Dill und ein paar Avocadowürfeln garnieren.

Löffelhäppchen

Die Löffelhäppchen mit den Speck-Hähnchen-Würfeln am besten auf einer Kork-Leiste anbieten. Für vier Löffel aus einer 10 mm starken Korkplatte ein 4 cm breites und 20 cm langes Stück herausschneiden. Den Streifen oben im Zickzack einschneiden, dabei ist eine Zacke 5 cm breit. Dann eine zweite, rechteckige Platte, 3,5 x 20 cm, als Sockel ankleben. Die Löffel jetzt abwechselnd in die Vertiefungen legen.

Speck-Hähnchen-Würfel
Frühstücksspeck in Scheiben
Hähnchenfilet, Öl, Salbeiblätter

Die Speckscheiben längs halbieren. Das Hähnchenfilet in Würfel schneiden und mit je einer Speckscheibe umwickeln. Öl erhitzen und die Würfel rundherum knusprig anbraten. Mit Pfeffer würzen und mit einem Salbeiblatt garnieren.

Frucht-Dessert

Ein leichtes und fruchtiges Dessert darf natürlich auf dem Buffet nicht fehlen. In kleinen Teelichtgläsern gefüllt ist es genau die richtige Portion für eine Person.

Namensklammern für Gläser

Mit den praktischen Namensklammern gibt es garantiert keine Verwechslungen bei den Weingläsern. Braunen Fotokarton, etwa 6 x 3 cm, mit der Konturenschere ausschneiden und mit einem 5 x 2,5 cm großen Stück Tafelfolie bekleben. Das Namensschild mit Kreide beschriften und auf eine Holzwäscheklammer kleben.

Zwetschgen-Schicht-Dessert (für 6 Personen)

500 g Zwetschgen, 200 ml Pflaumensaft
2 EL Speisestärke, 100 ml Apfelsaft
1 TL Lebkuchengewürz, 50 g Zucker
150 g Vollmilchjoghurt, 250 g Magerquark
1 Vanillezucker, Schoko-Waffelröllchen
Zitronenmelisseblättchen

Die Zwetschgen entsteinen, 3 EL Saft und Stärke verrühren. Die restlichen Säfte mit Gewürz, Zucker und Zwetschgen aufkochen, etwa 5 Minuten kochen lassen. Die angerührte Stärke zugeben, kurz aufkochen. Das Kompott abkühlen lassen. Joghurt, Quark und Vanillezucker glatt rühren und abschmecken. Zuerst eine Schicht Kompott in die Gläser füllen, anschließend die Quarkmischung daraufgeben und mit Kompott abschließen. Dann die Gläser mit Waffelröllchen und einem Blättchen Zitronenmelisse dekorieren.

Lydia

Südliches Flair

Für eine entspannte Stimmung sorgt neben den passenden Getränken ein buntes Kräuterpotpourri in Töpfen und Flaschen.

Originelle Flaschenkorken

Schön verzierte Flaschenkorken und ein mediterran geschmückter Flaschenkorb runden das schöne Ambiente ab. Die Rohlinge der Flaschenkorken gibt es im Bastelfachhandel.

- Schnurkorken in Rot-Weiß: Die Holzkugel von der oberen Mitte her mit Kleber bestreichen und die rot-weiße Schnur schneckenförmig aufkleben.
- Glitzerkorken: Die Holzkugel mit bunten und unter schiedlich großen, runden Schmucksteinen bekleben.
- Korken mit Fliege: Eine Drahtfliege, wie auf Seite 44 beschrieben, herstellen. In den Korken ein kleines Loch bohren und die Fliege einkleben.

Gästebuch-Schürze

Eine ausgefallene Alternative zum normalen Gästebuch ist die Unterschriften-Schürze. Bei jedem Fest unterschreiben alle Gäste mit einem speziellen Stoffmalstift. Nach Gebrauchsanleitung mit dem Bügeleisen fixieren.

Kräutertöpfe

Kräutertöpfe mit Basilikum, Rosmarin und Lorbeer passen zur Sommerstimmung. Eine witzige Idee: Die Übertöpfe einfach mit einer Zeitungsseite umhüllen. Vielleicht finden Sie ja sogar eine italienische.

Kräutervasen

Sie entstehen ganz schnell aus leeren Olivengläsern. Die Gläser rundherum mit mehreren Streifen doppelseitigem Klebeband bekleben. Die Klebeflächen so lange in getrockneten Kräutern wie Oregano oder Basilikum wälzen, bis kein Klebeband mehr zu sehen ist. Für die Aufhängung im Bereich des Drehverschlusses Draht anbringen und zur Schlaufe verlängern. Verschiedene Kräuter in die Vase stecken.

Schöner Schein

Viele Kerzen und Lichter verteilt in Büschen und Bäumen zaubern eine romantische Stimmung, wenn es dunkel wird. So können Ihre Gäste den Abend noch lange genießen.

Stilvoll kreiert

Einfache Birkenkränze mit einer batteriebetriebenen Lichterkette umwickeln und mit verschiedenen Blütenköpfen dekorieren. Das Stoffband versteckt gleichzeitig das Batteriefach der Lichterkette und dient als Aufhängung für den Kranz.

Stablichter

Auf einfache Holzpflöcke aus dem Baumarkt werden bemalte Konservendosen aufgeschraubt. Jede Dose wird noch zusätzlich mit funkelnden Schmucksteinen beklebt. Die Stäbe mit Moos, kleinen Kränzen oder Rindenstücken schmücken und dann im Beet oder Rasen verteilen.

Baumleuchter

Aus 2 mm starkem Aludraht drei Stücke mit jeweils 45 cm Länge und ein Stück mit 25 cm Länge abschneiden. Dann die drei langen Stücke jeweils zu einem „U" biegen. Das kürzere Drahtstück zum Ring biegen. Die drei U-Teile gleichmäßig ineinandersetzen und den mittleren, unteren Kreuzungspunkt mehrfach fest mit Wickeldraht in Silber fixieren, dabei gleich den Facettentropfen mit befestigen. Den Ring laut Abbildung platzieren und mit dem silbernen Wickeldraht die Verbindungsstellen fixieren. Für die Kerzenhalterung vom

Aludraht ein Stück abschneiden und um die Kerze herum zur Spirale wickeln. Das untere Ende mit Wickeldraht am unteren Kreuzungspunkt andrahten. Das obere Ende der Laterne mit Aludraht umwickeln und einen Haken als Aufhängung formen.

Abendlicht

Mit diesen schönen Lichtern klingt der Abend dann langsam aus.

Tischlichter

Eine schnelle Deko für einfache Teelichtgläser sind die computerbeschrifteten Transparentpapierhüllen. Je nach Lust und Laune ein DIN-A4-Blatt per Computer beschriften und im Querformat auf Transparentpapier ausdrucken. Das Papier längs halbieren und dann die Streifen an der Schmalseite zusammenkleben. Einen schönen Effekt ergibt sich, wenn die Worte in verschiedenen Schriftarten und -größen formatiert sind. Ideen für die Beschriftung: Die Namen der Gäste, ein sommerliches Gedicht, verschiedene Partybegriffe – der Fantasie sind keine Grenzen gesetzt.

Herzlaternen

Diese Herzlaternen verbreiten zu später Stunde eine besonders gemütliche Atmosphäre. Für eine Laterne aus sägerauem Holz vier 14 x 14 cm große Stücke zusägen. Das Herzmotiv mittig auf einem Laternenteil

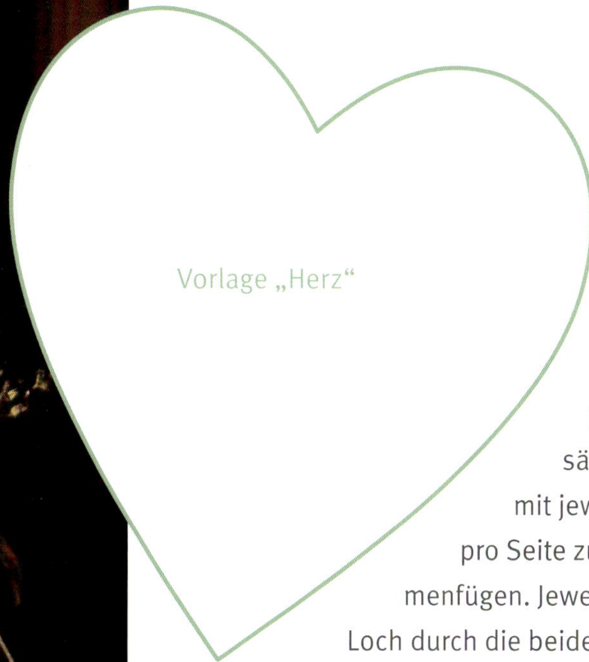

Vorlage „Herz“

platzieren und aussägen. Die vier Teile mit jeweils drei Nägeln pro Seite zur Laterne zusammenfügen. Jeweils oben mittig ein Loch durch die beiden Seitenteile bohren, zwei Aludrahtstücke durchziehen und zum Henkel zurechtbiegen.

Kakteen-Gläser

Einfach Gläser mit etwas Vogelsand füllen und bunt blühende Kakteen einsetzen. Die Gläser so weit mit Vogelsand füllen, dass der Kaktustopf mit dem Glasrand bündig ist. Ringsherum mit Sand auffüllen und die Topferde ebenfalls mit Sand abdecken.

Hinaus in den Garten

Picknick im Fliegenpilz-Look

Schönes Wetter, eine große Wiese, gute Laune, Leckereien und viele liebe Freunde – das sind die Zutaten für ein gelungenes Picknick im Garten. Die Idee, ein Picknick im eigenen Garten zu veranstalten, hat viele Vorteile für Gastgeber und Gäste. Die Dekoration muss nicht aufwendig transportiert und alles Essbare kann im Kühlschrank bis kurz vor dem Servieren aufbewahrt werden. Zudem ist die Location den Gästen bekannt und leicht zu erreichen. Wenn schon gleich auf den ersten Blick die Pilze in Rot und Weiß leuchten, macht sich gute Laune breit.

Ein Pilz wollt' mit der Mode geh'n,
fand weiße Punkte wunderschön,
nett dekoriert mit rotem Filz.
So wurd' aus ihm ein Fliegenpilz.

Heike Wanner

Rot & Weiß

Ein Gartenpicknick ist ein Fest zum Entspannen, Spielen und Genießen. Hier gibt es keinen gewöhnlichen Tisch mit Stühlen, sondern eine Decke auf dem Rasen, ein Buffet auf einem Strohballen und einige originelle Sitzgelegenheiten.

Einladung

Messer und Gabel eines Holzbestecks rot grundieren, mit weißen Pünktchen verzieren und mit doppelseitigem Klebeband auf einen grünen Karton kleben. So werden die Gäste auf das Thema des Picknicks eingestimmt. Für eine besonders schöne Schrift einfach den

Text ausdrucken, mit Kopierpapier auf den Karton übertragen und mit einem dünnen, schwarzen Filzstift nachfahren.

Muffins (für 24 Stück)
200 g Butter oder Margarine, 220 g Zucker
1 Päckchen Vanillezucker, 3 Eier, 500 g Mehl
2 Päckchen Backpulver, 4 EL Milch
Muffinbackform, Papierförmchen

Den Backofen auf 180 °C vorheizen und die Papierförmchen in die Muffinmulden stellen. Mehl und Backpulver sowie Zucker und Vanillezucker jeweils vermischen. Zuerst Butter, Zucker und Eier verrühren, dann das Mehl und die Milch löffelweise unterrühren. Die Muffinförmchen zur Hälfte mit Teig füllen. Auf der mittleren Schiene bei 180 °C etwa 20 Minuten backen. Wenn die Muffins abgekühlt sind, können sie mit kleinen Dekopilzen verziert werden.

Fröhliche Landpartie

Gemeinsam mit lieben Freunden im Freien essen, trinken, reden, lachen: Das Picknick ist ein herrliches Sommervergnügen! Das Highlight dabei ist der Picknickkorb mit köstlichen Kleinigkeiten und kühlen Getränken.

Kiste im Naturlook

Eine einfache Picknickkorbvariante ist die Holzkiste. Die Kiste innen mit einem schönen Küchentuch auslegen und die Seiten mit Efeuranken schmücken. In der Kiste ist Platz für alles Essbare, für Teller und Becher und sogar die Picknickdecke kann noch mit einem Band am Rand befestigt werden.

Picknickkorb

Passend zum Fliegenpilz-Look einen naturfarbenen Korb innen und außen mit roter Farbe besprühen. Für die Punkte zuerst eine Negativ-Schablone anfertigen. Dafür mit dem Zirkel einen Kreis von 6 cm Ø auf ein Stück Karton malen und herausschneiden. Nach dem Trocknen die Schablone auf das Korbgeflecht halten und mit weißer Farbe den Punkt aufsprühen. Nach dem Trocknen der Farbe den Picknickkorb mit Leckereien füllen.

Schön praktisch

In Korb oder Kiste verpackt, kann alles, was für Picknick gebraucht wird, gut transportiert werden.

Es ist angerichtet

Rot-weiße Karos und Tupfen harmonieren sehr schön miteinander, dazu ein bunter Sommerblumenstrauß – spätestens jetzt macht sich Picknickstimmung breit.

Aprikosen-Mascarpone-Dessert (für 6 Personen)

1 Dose Aprikosen
500 g Mascarpone
250 g Sahnejoghurt
200 g gehackte Mandeln
100 g Rührteiggebäck aus dem Kuchenregal
50 g Zucker
1 Vanilleschote
Zitronenschale

Die Aprikosen in kleine Würfel schneiden. Mascarpone, Joghurt, Vanillemark, Zucker und Zitronenschale verrühren und abschmecken. Die Mandeln ohne Fett anrösten. Das Gebäck würfeln, in die Dessertgläser verteilen und dann abwechselnd mit 1-2 EL Creme und gewürfelten Aprikosen auffüllen. Zum Schluss mit den Mandeln bestreuen.

Picknicktisch

Eine umgedrehte Holzkiste macht sich bestens als niedriger Picknicktisch, um eine Blumenvase, Servietten und sonstige Kleinigkeiten abzustellen. Als Tischdecke dient hier ein kariertes Küchentuch. Die rotweiß gepunkteten Servietten einfach aufrollen und mit grünem Bast zusammenbinden. Salz- und Pfefferstreuer in Fliegenpilzform sind ein stilvolles Detail.

Gastgeschenke

Jeder Gast bekommt sein persönliches Gläschen Glück. In kleine Marmeladengläser bunte Mini-Smarties füllen. Auf den Deckel mit Heißkleber ein grünes Sisalnest kleben, in die Mitte einen kleinen Deko-Fliegenpilz. Wer kann da schon widerstehen?

Praktische Glasdosen

Zum Transport der Leckereien eignen sich verschieden große Glasdosen. Oben auf die Deckel jeweils einen Tafelfolienkreis kleben und mit Kreide beschriften. Eine ganz besondere Idee: Für jeden Gast ein eigenes Dessertglas herrichten, mit Namen beschriften und den Löffel gleich noch am Glas anbinden.

Gemüse-Mix (für 6 Personen)

2 Auberginen, 7 Tomaten, 2 gelbe Paprika
3 milde, rote Peperoni, 2 Zucchini
2 rote Zwiebeln, 50 g Pinienkerne
80 g schwarze Oliven ohne Stein
1 Glas Kapern, 1 EL Zucker, 1 EL Olivenöl
1 EL Balsamico-Essig, Basilikum

Die Auberginen in Würfel schneiden, salzen und abgedeckt ziehen lassen. Tomaten, Peperoni und Paprika in Würfel, Zucchini in Scheiben schneiden. Die Auberginen trocken tupfen. In einer großen Pfanne das Gemüse (ohne Tomaten) nacheinander anbraten. Pinienkerne im Bratfett rösten, Oliven, Kapern und Zucker zugeben, Tomaten unterheben und 1 Minute mitbraten. Das restliche Gemüse zugeben, mit Essig und Gewürzen abschmecken.

Picknick-Salat (für 6 Personen)

300 g Penne, 300 g Cocktailtomaten
3 Zwiebeln, 1 Bund Basilikum,
400 g Mozarella, 100 g luftgetrocknete Salami

Dressing

Balsamico-Essig, Olivenöl
Knoblauch, Pfeffer, Salz, Zucker

Die Nudeln bissfest kochen, abgießen und abkühlen lassen. Die Tomaten waschen und eventuell halbieren, Zwiebeln in Ringe schneiden, Basilikum fein schneiden. Das Dressing zubereiten und abschmecken. Alles mit den Nudeln mischen und den Salat durchziehen lassen. Zum Schluss den Mozarella schneiden und zusammen mit der Salami vorsichtig unterheben. Mit einigen Basilikum-Blättern garnieren.

Im Freien genießen

Ungewöhnliche Feste verlangen ausgefallene Dekorationsideen. An diese Arrangements werden sich die Gäste noch lange erinnern.

Strohballen-Buffet

Ein Strohballen ist nicht nur dekorativ, sondern zusätzlich noch praktisch, um das Picknickbuffet

Eier-Pilze

Diese Fliegenpilze sind sogar essbar! Für jeden Pilz ein Ei hart kochen und schälen. Eine Tomate halbieren, aushöhlen und auf das Ei setzen. Die Punkte mit Mayonnaise auftupfen.

Nadelfilz-Pilze

Die gefilzten Fliegenpilze machen auf dem Strohballen eine gute Figur. Jeder Pilz besteht aus einem Styropor-Ei und einer halbierten Styroporkugel. Beide Teile mit Kleber zusammenfügen. Nach dem Trocknen weiße und rote Filzwolle wie abgebildet um die Styroporform legen und mit einer Filznadel anfilzen. Die Pilze sind 8, 10 und 12 cm groß.

Einfach und praktisch

Ein Mix aus verschiedenen Sitzgelegenheiten, die auch als Beistelltische eine gute Figur machen, werden beim Gartenpicknick viel genutzt. Wer will, kann es sich aber auch mit einem originellen Kissen direkt auf der Decke gemütlich machen.

Sonnenschirm

Ein Sonnenschirm beschattet das Buffet auf dem Strohballen. Der einfarbige Schirm ist ganz schnell mit kleinen Blumensträußchen aufgepeppt: Einige Blüten und Efeublätter zusammenbinden und an den Schirmenden mit Draht befestigen.

Kleiner Hocker

Bevor die Holzscheite im Ofen landen, haben sie noch einen praktischen Zweck. Mehrere Scheite so eng wie möglich senkrecht zusammenstellen, bis sich ein Durchmesser von etwa 40 cm ergibt. Die Scheite dann mit einem Kofferband fest zusammenschnüren.

Kisten-Platz

Die mit gepunktetem Wachstuch überzogene Getränkekiste hat gleich mehrere Funktionen. Hier dient sie als praktische Sitzgelegenheit. Sie kann auch als Ablagetisch für allerlei Kleinkram dienen. Für die Haube die Seitenteile sowie die Unterseite der Kiste ausmessen und mit Nahtzugabe aus dem Wachstuch zuschneiden. Die Nähte mit der Nähmaschine zusammensteppen und über die umgedrehte Kiste stülpen.

Paradekissen

Gemütliche große Kissen dürfen bei einem Picknick natürlich nicht fehlen. Die Vorderseiten der Kissenhüllen bestehen aus originellem Grasstoff, die Rückseiten aus kuscheligem Fleece. Für ein Inlett von 50 x 50 cm die beiden Stoffe jeweils 53 x 53 cm groß zuschneiden und rechts auf rechts zusammennähen. Zum Wenden ein Stück Naht offen lassen, das Inlett einschieben und die Naht von Hand schließen. Die Grasstoffseite wie abgebildet verzieren: Die großen roten Knöpfe mit dünnem Stoffband festknoten, die bunten Streublümchen mit Heißkleber befestigen.

Gekühlt

An warmen Sommertagen wird immer viel getrunken. Damit draußen die Getränke nicht sofort warm werden, sind kleine Kühltaschen mit passenden Kühlakkus sehr hilfreich.

Flaschenhüllen

Für die Flaschenhüllen die Flaschengröße ausmessen, ein entsprechendes Stück rotes Tonpapier zuschneiden und um die Flasche herumkleben. Große und kleine weiße Klebepunkte darauf verteilen. Die Namensschilder entweder per Computer ausdrucken oder von Hand schreiben und auf die rote Banderole kleben.

Gartenfackeln

Wenn bis in die Abendstunden hinein gefeiert wird, zaubern bunte Gartenfackeln ein stimmungsvolles Licht. Damit auch die Fackeln zum übrigen Fliegenpilz-Look passen, einfach Punkte mit weißem Kerzenpen aufmalen.

Flower-Power-Korb

Einen einfachen Weidenkorb mit Pflanzen der Saison bestücken und mit einem gefilzten Fliegenpilz, siehe Seite 69, dekorieren. Nach dem Picknicknachmittag ist dieser Korb eine Zierde für Haustür, Balkon oder Terrasse. Auch einen Sommerregen überstehen die gefilzten Pilze problemlos.

Klingel-Korb

Ein voller Korb mit Wein, Basilikum, Kerze und Geschirrtuch ist ein passendes Mitbringsel zur Picknickeinladung. Ein besonders witziges und originelles Detail ist die bemalte Fahrradklingel am Henkel. Den Klingeldeckel mit roter, stoßfester Lackfarbe bemalen und nach dem Trocknen mit weißen Pünktchen verzieren. Die Klingel leistet beim nächsten Fahrradausflug gleich gute Dienste und zieht bestimmt ganz viele neugierige Blicke auf sich.

Hüpf ins Glück
Jeder Spieler erhält 4 Chips
einer Farbe. Der erste Spieler
platziert einen seiner Chips im
schwarzen Bereich des
Spielfeldes. Mit dem großen Chip
versucht der Spieler seinen Chip
auf den Glückspilz zu schnippen.
Liegt der Chip im gepunkteten
Pilzkopf gibt's 3 Punkte, auf dem
Pilzstiel 2 Punkte, im
grünen Kreis 1 Punkt. Wer am
Ende die meisten Punkte
gesammelt hat ist Sieger! (2 - 4
Spieler, 3 - 99 Jahre)

Glückspilz-Spiel

Dieses Spiel ist klein und zusammenlegbar und eignet sich so hervorragend zur Mitnahme in Rucksack, Badetasche oder Handtasche. Einfach aus grünem Filz einen Kreis von etwa 20 cm Ø ausschneiden und mit Steppstichen mittig auf eine schwarze Stoffserviette (Spielfeld) nähen. Den Pilzstiel aus weißem und den Pilzhut aus rotem Filz entsprechend der Vorlage zuschneiden und aufkleben. Jeweils vier Spielchips in vier verschiedenen Farben zusammenstellen. Für ein passendes Stoffsäckchen roten Stoff mit weißen Punkten, etwa 25 x 15 cm, zuschneiden, die Spielanleitung ausdrucken, laminieren und auf der Vorderseite des Beutels aufnähen. Danach das Säckchen zusammennähen und mit einem Band verschließen.

Spielanleitung

Jeder Spieler erhält vier Chips einer Farbe. Der erste Spieler platziert einen seiner Chips im schwarzen Bereich des Spielfelds. Mit einem anderen Chip versuchen die Spieler jetzt reihum, diesen Chip auf den Glückspilz zu schnippen. Liegt der Chip im gepunkteten Pilzkopf, gibt es 3 Punkte, auf dem weißen Pilzstiel 2 Punkte, im grünen Kreis 1 Punkt. Wer am Ende die meisten Punkte gesammelt hat, ist Sieger.

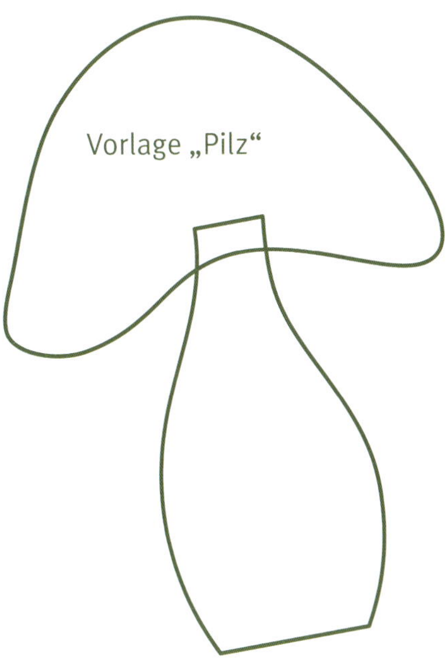

Wurfspiel

Bei diesem selbst gestalteten Geschicklichkeitsspiel aus originellen Holz-Fliegenpilzen machen Kinder und Erwachsene sehr gerne mit. Die gedrechselten Fliegenpilze wie abgebildet bemalen. Jeden Fliegenpilzhut mit einer anderen Anzahl weißer Punkte verzieren. Die Anzahl der Punkte bestimmt gleichzeitig die erreichte Punktzahl beim Spiel. Für den Wurfring aus dicker Sisalschnur einen Zopf flechten und zum Ring formen. Anfang und Ende übereinanderlegen und mit einer dünneren roten Schnur zusammenbinden.

Spielanleitung

Jeder Spieler hat 10 Würfe. Den Wurfabstand vorher festlegen und am Boden markieren. Die Pilze verteilt aufstellen. Der Spieler versucht, den Ring über einen Pilz zu werfen. Gelingt ihm das, zählen die Punkte auf dem Pilzhut. Nach zehn Runden werden die Punkte je Spieler zusammengezählt und der Sieger gekürt.

Ein Festival der Farben

Herbstfest mit Kohl & Co.

Der Herbst, die bunte Jahreszeit zwischen Sommer und Winter, verwöhnt uns mit einem leuchtenden Farbspektakel und einer Fülle an Obst, Gemüse und Baumfrüchten. Bei einem Herbstspaziergang findet man farbenfrohe Blätter, Hagebutten, Pfaffenhütchen, Schlehen und vieles mehr. All das eignet sich hervorragend für eine einfache, unkomplizierte und auch preiswerte herbstliche Dekoration zu Hause. Auf dem Wochenmarkt gibt es jetzt eine besonders große Auswahl der verschiedensten Kohlsorten, Kürbisse, Bohnen und Salate. Lassen Sie sich doch einfach inspirieren!

Die Zugvögel, die uns im Herbst verlassen,
wissen gar nicht, was sie so alles verpassen.
Die Tage werden kurz, das Laub wird bunt,
das Obst wird reif und der Kürbis rund.

Heike Wanner

Freches Gemüse

Jetzt ist noch einmal genau der richtige Zeitpunkt, um gemeinsam mit Freunden draußen im Garten ein opulentes Herbstfest zu feiern. Mit den vielen verschiedenen Gemüsesorten lassen sich originelle und einfallsreiche Dekorationen zaubern. Ihre Gäste werden begeistert sein.

Einladung

Zu einem gelungenen Abend gehört zuerst eine besondere Einladungskarte für Ihre Gäste. Die Vorlage zweimal auf die gewünschte Größe mit dem Kopierer vergrößern.
Die größere Version auf stabiles Papier in Herbstfarben übertragen und ausschneiden. Den Einladungstext entweder von Hand oder mit dem Computer auf einfarbiges Papier schreiben. Jetzt die kleinere Blattvorlage ohne Stiel so positionieren, dass der Text mittig ist, aufzeichnen, ausschneiden und aufkleben. Zur Dekoration eine kleine Holzscheibe und ein Stück Karoband aufkleben.

Lustiger Kohlkopf

Ein Spitzkohl verwandelt sich in einen spaßigen Gesellen und wird zum Mittelpunkt der reich gedeckten Tafel.

Die Blütenköpfe mit Stecknadeln am Kohlkopf befestigen, die Chilischoten, auch mit Stecknadeln, zum Mund arrangieren. Für die Nase von hinten in das Radieschen ein stabiles Stück Draht stecken, das andere Ende in den Kohlkopf stecken.

Die Haare sind ein Gewürzsträußchen aus Dill, Basilikum und Petersilie, das auch mit Draht am Kohlkopf befestigt ist. Zum Beispiel in einer Schale mit Fuß einige bunte Salatblätter dekorieren, den Kohlkopf in die Mitte setzen und noch mit Radieschen, Blumenkohl- und Brokkoliröschen verzieren.

Vorlage „Blatt“

Einladend gedeckt

Mit wenig Aufwand und leicht zu beschaffenden Accessoires wird der Tisch für die Gäste gedeckt. Bei diesem Anblick kommt der Appetit von ganz allein.

Gedeck

Ein originelles Platz-Set für jeden Gast lässt sich ganz einfach aus den wunderbar großen Wirsingblättern machen. Dazu einige Blätter vorsichtig ablösen und so arrangieren, dass die Fläche größer ist als der Teller. Auch das Besteck soll zum herbstlich-ländlichen Charme des Tischs passen. Dazu die Griffe mit farblich passendem Bast umwickeln. Nach Gebrauch wird der Bast nur abgestreift und das Besteck kann gespült werden.

Für die Namenskarte in ein etwa 5 cm hohes Birkenstämmchen einen Schlitz sägen. Die Namen der Gäste ausdrucken und auf ein rechteckiges Stück Karton kleben. An einer Kartonecke ein Loch einstanzen, ein Karoband mit Blütenkopf anknoten.

Serviette

Zu einer Einladung mit Stil gehören unbedingt die farblich passenden Stoffservietten. Die Servietten zu einem Dreieck zusammenlegen, locker aufrollen und in der Mitte mit einem großzügigen Knoten versehen. Auch gelbe oder orangefarbene Servietten passen ideal zu diesem Set.

Kerzenglanz

Gemütliches und stimmungsvolles Kerzenlicht darf auf keiner Festtafel fehlen. Hier sind die Kerzen auf unterschiedlich hohen Holzstämmchen befestigt und mit Herbstgemüse verziert.
Dazu zuerst jeweils drei stabile Drahtstücke mit einem Feuerzeug erwärmen und gleichmäßig verteilt in die Unterseite der Kerze stecken. Mit einem entsprechenden Bohrer Löcher für die Drähte in das Holzstämmchen bohren und die Drähte einstecken. Jetzt kann jeder Kerzenhalter noch individuell mit Blättern von Radicchio, Bohnen oder Zwiebeln verziert werden.
Die Bohnen mittig mit einer Nadel auf eine Schnur auffädeln und verknoten, sobald die Länge um Kerze und Baumstamm passt. Die Frühlingszwiebeln auf eine Länge kürzen und mit mehreren Bastfäden um den Baumstamm herum befestigen. Die Radicchioblätter um die Kerze herum anordnen und mit Bast fixieren.

Lecker serviert

Als herbstlicher Aperitif und Einstimmung auf das Menü wird Blätterteiggebäck mit Käse, Gewürzen und Kräutern sowie eine alkoholfreie Apfel-Limonade in originell ausgehöhlten Äpfeln serviert.

Apfel-Limonade (für 4 Personen)

1/2 Flasche klarer Apfelsaft
1/2 Flasche Ginger Ale
1/2 Flasche Mineralwasser

Apfelsaft, Ginger Ale und Mineralwasser mischen. Mit Eiswürfeln und Zitronenscheibe anrichten.

Die obere Kappe der Äpfel abschneiden und zur Seite legen. Den Rest vorsichtig mit einem kleinen Löffel aushöhlen. Im Bereich des Apfelstiels ein Trinkröhrchen durchstecken und ein kleines Stück Karoband festknoten. Die Limonade in die ausgehöhlten Äpfel einfüllen, das Apfeloberteil aufsetzen und servieren.

Blickfang

Ein weiteres ausgefallenes Highlight ist die selbstgemachte Etagere. Eine Baumscheibe mit ca. 25 cm ø wird auf einen passenden Holzstamm aufgeklebt oder aufgeschraubt. Zur Dekoration noch einige Radicchioblätter unter dem Brotlaib verteilen und das Ganze auf große Wirsingblätter stellen. Zusätzlich mit Rosenkohl, Radieschen und Minipaprika dekorieren.

Kleines Gebäck

Blätterteig aus dem Kühlregal, Eigelb, Sahne
verschiedene Gewürze, wie Paprikapulver, getrocknete Kräuter, Curry, Pfeffer, geriebener Käse
Ausstechformen, z. B. Blatt, Birne, Apfel

Den Blätterteig ausrollen, die Plätzchen ausstechen und auf ein mit Backpapier belegtes Blech legen. Das Eigelb verquirlen, mit einem kleinen Schuss Sahne mischen und die Plätzchen damit bestreichen. Die Plätzchen mit den Gewürzen und dem Käse bestreuen, bei 200 °C goldgelb backen.

Süßes Finale

Nach einem schmackhaften Menü darf das Dessert natürlich nicht fehlen. Selbst gemachtes Traubeneis, dekorativ im Weinglas angerichtet, rundet das Herbstfest gekonnt ab. Besonders praktisch: Das Eis kann gut schon einige Tage vor dem Fest vorbereitet werden.

Blaues Traubeneis (für 4 Personen)

90 g Zucker
15 cl Wasser
Zimtrinde
250 g blaue Weintrauben (kernlos)
Saft einer halben Zitrone
Trauben zum Garnieren

Zucker, Wasser und Zimtrinde kurz aufkochen, erkalten lassen. Zimt herausnehmen. Die Trauben waschen und im Mixer pürieren. Zitronensaft unterrühren, mit Zuckersirup mischen und cremig frieren. Entweder in eine Eismaschine geben oder in einer weiten Metallschüssel im Eisfach gefrieren lassen. Nach 30 Minuten mit dem Schneebesen gut durchrühren, wieder ins Eisfach stellen. Mehrmals wiederholen, bis die gewünschte Konsistenz erreicht ist. In die Gläser zuerst einige Weintrauben füllen, dann das Eis darauf verteilen und den Glasrand mit Trauben garnieren.

Dekoratives Tablett

Serviert wird das Dessert auf einem selbst gestalteten Tablett. Dafür eine Obst-Holzkiste an allen Seiten mit kleinen Holzscheiben bekleben und innen mit Weinlaub auslegen.

Stilvolle Flaschen

Getränke wie Trauben- und Apfelsaft passen besonders gut zum Herbstmenü. Sie in schön verzierten Flaschen anzubieten, beweist Stil und ist außerdem schnell gemacht. Die Säfte in Bügelflaschen umfüllen und mit Herbstlaub, Trauben, Hagebutten und Bast dekorieren – fertig.

Extraportion Gemüse

Der Gemüsekranz setzt Bohnen, Radieschen, Blumenkohl & Co. einmal ganz anders als gewohnt in Szene. Dekoriert im Eingangsbereich heißt er die Gäste gleich stimmungsvoll willkommen. Zusammen mit dem originellen Wegweiser finden alle garantiert den richtigen Weg zum Fest.

Farbenfroh

Ein üppig dekorierter, herbstlicher Strohkranz rundet die Festdekoration ab. Den Strohkranz mit Wirsingblättern umwickeln und diese mit Drahtkrampen fixieren. Einige Bohnen zum Bündel schnüren, kurze Drahtstücke von hinten in Blumenkohlröschen und Radieschen stecken und in den Strohkranz drücken. Trauben, Baumfrüchte und Chilischoten ebenfalls mit Drahtkrampen am Kranz verteilt befestigen. Zum Aufhängen des Kranzes eignet sich ein farblich passendes Stoffband. Alternativ kann der Kranz auch an herbstlich dekorierte Körbe, Blumenkästen oder Töpfe gelehnt werden.

Vorlage „Zum Fest“

„Zum Fest“

Damit auch alle Gäste das Fest finden, zeigt die Holzhand in einem üppig dekorierten Erntekorb allen den Weg. Die Vorlage der Hand auf dem Kopierer auf 200% vergrößern, auf 18 mm starkes Leimholz übertragen und mit der Stichsäge aussägen. Für den Eisenstab ein entsprechend großes Loch von unten in die Hand bohren. Die Hand bemalen und nach dem Trocknen den Text aufmalen. Gut geht das mit ABC-Schablonen, die im Hobbyfachhandel in verschiedenen Ausführungen angeboten werden.

CLUB PRIVADO
RIOJA
RESERVA 2001
Apfel
&
Birnen
Chips

Schöner Schenken

Mitbringsel schnell und einfach oder auch mit etwas mehr Vorbereitungszeit – bei diesen Ideen ist für jeden Geschmack das Passende dabei. Mit so viel Originalität punkten Sie bei den Gastgebern in jedem Fall.

Flaschen-Schmuck

Entscheiden Sie sich, eine gute Flasche Wein zu verschenken, kann diese ganz leicht mit einem Blätter- oder Hagebuttenkränzchen verziert werden. Dazu die Blätter und Früchte auf ein Stück Draht auffädeln, die Enden miteinander verbinden und ein passendes Stoffband mit Filzblatt festknoten.

Lecker und ungewöhnlich

Verschenken Sie selbst gemachte Apfel- und Birnenchips im herbstlich dekorierten Weckglas.

Zutaten:

100 g Zucker
1 TL Ascorbinsäure
1–2 Äpfel, 1 Birne

Zucker mit 150 ml Wasser aufkochen, bei mittlerer Hitze 2–3 Minuten kochen lassen. Sirup vom Herd nehmen und Ascorbinsäure unterrühren. Backofen auf 100 °C vorheizen, Äpfel und Birne waschen und in etwa 1 mm dicke Scheiben hobeln. Obstscheiben durch den Sirup ziehen, etwas abtropfen lassen und nebeneinander auf ein mit Backpapier belegtes Backblech legen. Bei 100 °C etwa 2 Stunden trocknen lassen. Abkühlen lassen und die Scheiben vorsichtig mit einem Messer vom Backpapier lösen. Die getrockneten Chips in einem luftdicht verschließbaren Glas an einem dunklen Ort aufbewahren.

Ausgefallen verpackt

Packen Sie diesmal Ihr Geschenk nicht mit Geschenkpapier ein, sondern nehmen Sie stattdessen doch einfach Rotkohlblätter und Draht. Obendrauf wird noch ein Röschen vom blauen Blumenkohl angebracht und fertig ist eine originelle Verpackung – zum Auspacken fast zu schade!

Weihnachtliche Vorfreude

Stimmungsvoller Adventskaffee

Im Advent sind Groß und Klein voller Vorfreude auf die bevorstehende Weihnachtszeit. Die Vorbereitungen für das Fest nehmen meist viel Zeit in Anspruch und da kommt eine Einladung zum Adventskaffee gerade recht. Mit einfachen Deko-Ideen und wenig Aufwand verwandelt sich das Wohnzimmer in eine stimmungsvolle Vorweihnachtsstube – die tägliche Hektik bleibt vor der Tür und die Gedanken kommen zur Ruhe. Die meisten Materialien wie Tannenzapfen, Holz oder Moos sind draußen im Wald oder Garten zu finden.

Die Glöckchen klingen, und still ist die Nacht,
wie fröhlich und selig die Weihnachtszeit macht!
Ihr Kinderlein kommet – der Tisch ist gedeckt.
Nach Apfel und Nuss und Mandeln es schmeckt.

Heike Wanner

Gemütlich

Zusammen mit vielen Kissen, Decken und einem prasselnden Kaminfeuer verbreitet sich Wärme im Raum. So fühlen sich alle wohl.

Kaffeetisch

Ein festlich gedeckter Couchtisch lädt die Gäste ein, auf der Sofagarnitur Platz zu nehmen und ein üppiges Kuchenbuffet zu genießen. Die Tischmitte ist mit Moos, Holzscheiten, vergoldeten Granatäpfeln, Tannenzapfen, Weihnachtskugeln und vielen kleinen Streusternchen dekoriert. Mit weißem Schneespray sind die Tannenzapfen blitzschnell und einfach verziert. Das passt zum hellen Geschirr und bringt ein bisschen Winter in die gute Stube.

Einladung

Ein passendes Zitat zur Weihnachtszeit auf Transparentpapier drucken und zurechtschneiden. Ein Stück Prägekarton ebenfalls zuschneiden. Das Band fixiert die Kerze und beide Papierlagen.

Zapfenglas

Ein mit Tannenzapfen, Weihnachtskugeln und einer Lichterkette dekoriertes großes Glas ist schnell gemacht und sieht gut aus auf dem Kuchenbuffet. Vergoldete Granatäpfel reflektieren das Licht wunderschön. Die Granatäpfel – wie bei den Tischlichtern auf der folgenden Seite beschrieben – mit Blattgold verzieren.

Tellerdeko

Die Tellerdekoration für jeden Gast ist der winterlichen Stimmung angepasst. Die Servietten aufrollen und dann mit schmalen Schals aus Filz oder Wolle zusammenbinden. Hierfür einen Filzstreifen von 5 x 30 cm zuschneiden, die Enden fransig einschneiden. Für die gestrickten Schals je nach Wollstärke 5 – 8 Maschen anschlagen und etwa 25 cm kraus rechts stricken. An den Schmalseiten Fransen anknüpfen.

Für jeden Gast liegt außerdem ein kleines Geschenk auf dem Teller bereit. Eine kleine Tafel Schokolade mit einer Banderole aus zwei verschiedenfarbigen Papieren und einem Birkenrindenstern verzieren.

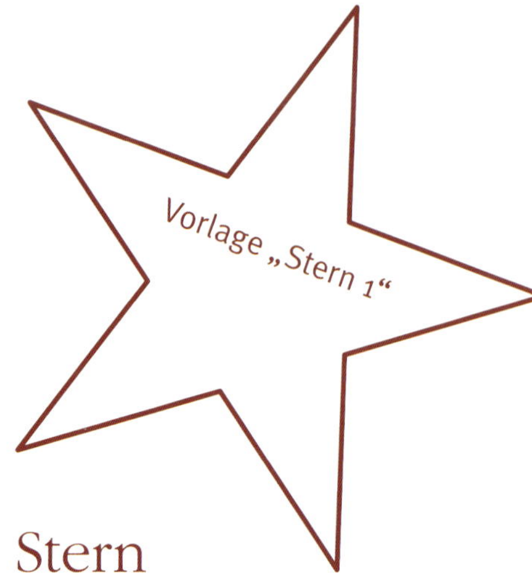

Stern

Den Stern entweder aus Holz zusägen oder im Hobbyfachhandel fertig kaufen und weiß bemalen. Nach dem Trocknen – wie unten beschrieben – mit Blattgold verzieren. Den Stern auf einen Schaschlikspieß kleben, diesen in einem kurzen Aststück befestigen und mit einem schmalen Dekoband verzieren.

Tannenbaum

Für den Tannenbaum einen Styroporkegel, 12 cm, eng mit einer grünen Filzschnur bekleben. Als Stamm einen kleinen Bambusstab in die Kegelunterseite einkleben und ebenfalls mit Kleber in einem runden Aststück fixieren. Die Baumspitze und die Vorderseite wie abgebildet mit Sternen und Perlen verzieren.

Tischlichter

Die Kerzen schimmern besonders warm und gemütlich durch die Blattgoldverzierungen auf den Gläsern. Die Sternvorlage auf ein weißes Papier abpausen und innen in das Glas stecken. Den Stern mit einer speziellen Anlegemilch für Blattgold bestreichen und nach

Anweisung auf der Flasche antrocknen lassen. Den Stern dann mit dem Blattgold belegen, die detaillierte Anleitung dazu der Verpackung entnehmen.
Tipp: Je mehr Gläser in verschiedenen Größen und Formen auf dem Tisch verteilt stehen, umso stimmungsvoller wirken sie.

Vorlage „Stern 2"

Gemütlich

Einfache weiße Kissenbezüge und eine Fleecedecke werden mit roten Schneekristallen bestickt. Die Form der Kristalle aufzeichnen und mit Geradstichen nachsticken.

Weihnachtsbäckerei

Ein üppiges Kuchenbuffet mit Torte, Muffins und Weihnachtsgebäck ist schnell gerichtet und zusammen mit der passenden Dekoration macht es Lust auf einen gemütlichen Nachmittag mit netten Gesprächen.

Adventstorte

Für den Boden

250g Gewürzspekulatius, 150 g weiche Butter

Für den Belag

4–5 Äpfel, 3/4 Tasse Zucker, 1 Tasse Wasser
Saft von 1–2 Zitronen, 50 g Butter, 50 g Palmin
2 Päckchen Vanillesoßenpulver, Zimt
1 Becher Sahne, Schokoladenraspeln

Für den Kuchenboden die Spekulatius sehr fein zerbröseln und mit der Butter mischen. Einen Tortenring auf die Kuchenplatte setzen, den Boden darin verteilen, fest andrücken und in den Kühlschrank stellen. Die Äpfel schälen, entkernen und in Stifte raspeln. Wasser, Zucker, Zitronensaft, Butter, Palmin, Vanillesoßenpulver und eine Prise Zimt in einem Topf verrühren und aufkochen, die Äpfel dazugeben und nochmals aufkochen lassen. Leicht abgekühlt auf dem Boden verteilen und am besten über Nacht in den Kühlschrank stellen. Vor dem Servieren den Kuchen mit einem Becher geschlagener, leicht gezuckerter Sahne und Schokoraspeln garnieren.

Bunte Lebkuchenecken (für ca. 60 Stück)

250 g Honig
100 g Butter
125 g brauner Zucker
2 Eier
375 g Mehl
1 TL Pottasche
2 EL Lebkuchengewürz
2 EL Rum
1 EL Kakao
150 g Rosinen
100 g gehackte Mandeln
100 g Quittengelee
200 g Puderzucker
4 EL Milch
zum Verzieren bunte Zuckerperlen

Den Honig und das Fett erhitzen und wieder abkühlen lassen. Die Hälfte des Backbleches mit einem dreifach gefalteten Alufolienstreifen abtrennen und mit Backpapier auslegen. Eier und Zucker schaumig schlagen, die Fett-Honig-Mischung und das Mehl unterrühren. Die Pottasche mit 1 EL Wasser verrühren und zusammen mit dem Lebkuchengewürz, Rum, Kakao, Rosinen und Mandeln zum Teig geben und alles verkneten. Den Teig auf dem Backblech glatt streichen und 20 Minuten bei 180 °C im vorgeheizten Backofen backen. Den Kuchen auf ein Gitter stürzen, das Backpapier abziehen und abkühlen lassen. Das Quittengelee erwärmen, glatt rühren und auf dem Kuchen verteilen und trocknen lassen. Puderzucker und Milch zu einem dicken Guss verrühren, den Kuchen damit bestreichen und sofort mit den Zuckerperlen bestreuen.

Weihnachtsmuffins (für 12 Stück)

250 g Mehl, 250 g Joghurt, 3,5 % Fett,
80 ml Espresso, abgekühlt, 2 TL Kardamon
3 TL Anis, gemahlen, 1 Päckchen Backpulver
1 Ei, 150 g Zucker, 75 ml Pflanzenöl,
1 Tafel Vollmilchschokolade, 12 Fondant-Sterne

Den Backofen auf 180 °C vorheizen und Papierförmchen in die Muffinmulden stellen. Mehl, Backpulver und Gewürze gründlich vermischen. Das Ei verquirlen und mit Joghurt, Öl und Kaffee verrühren, dann löffelweise die Mehlmischung unterrühren. Die Muffinförmchen zur Hälfte mit Teig füllen, dann in jeden Muffin ein Stück Schokolade geben und mit dem restlichen Teig auffüllen. Auf der mittleren Schiene bei 180 °C etwa 20 Minuten backen. Wenn die Muffins abgekühlt sind, mit Kuvertüre überziehen und mit Fondant-Sternen verzieren.

Kuchenstücke aus Holz

Die Holzkuchenstücke aus dreieckig gespaltenen Holzscheiten zusägen, dabei die Höhe der Kuchenstücke unbedingt variieren. Muffins entstehen aus runden Holzstücken. Für die sahnige Oberseite Gips anrühren und auftragen. Den Gips sofort mit den entsprechenden Zutaten dekorieren und trocknen lassen. Künstliche Kirschen, Erdbeeren oder Himbeeren, dazu Silberperlen, Anis, schwarze Linsen, bunter Glitter – mit ein wenig Fantasie entstehen die ausgefallensten Kuchenkreationen.

Tipp: Den Gips mit Abtönfarbe in Erdbeerrosa oder Schokoladenbraun einfärben.

Kuchen-Kunst

Diese Kuchen sehen zwar auch lecker aus, es ist aber nicht empfehlenswert, hineinzubeißen. Als originelle Dekoration aber können sie noch lange erfreuen.

Zartes Lichtspiel

Vor dem Kamin schmeckt ein Glas Adventspunsch besonders gut. Den Punsch in einem Glasgefäß servieren, in dessen Mitte eine Kerze steht. Orangen- und Zitronenscheiben, Anis sowie Zimtstangen im Punsch verbreiten einen weihnachtlichen Duft.

Punschgläser-Deko

Damit der Punsch in den Gläsern lange warm bleibt, bekommt jedes eine Hülle aus Filz. Dazu etwas dickeren Filz entsprechend der Glasgröße zuschneiden und mit einem weihnachtlichen Stoffband um das Glas herum befestigen.

Adventspunsch (für 4 Personen)
½ Liter Früchtetee, ½ Liter naturtrüber Apfelsaft, 1 Orange, ausgepresst
1 Zitrone, ausgepresst, Gewürznelken
2 Zimtstangen, Anis, ganz Einige Orangen- und Zitronenscheiben, Honig

Die Gewürze zusammen mit dem Früchtetee kurz aufkochen, dann Apfel-, Orangen- und Zitronensaft zugeben und erwärmen. Mit Honig abschmecken. Den Punsch umfüllen und die Zitrusscheiben dazugeben.

Leuchtender Topf

Für den Kerzentopf den Rand eines Tontopfes mit Blattgold verzieren (Anleitung siehe Seite 94) und ein Stück Steckmasse einlegen. In die Kerzenunterseiten jeweils ein Stück stabilen Blumendraht be festigen. Dazu den Draht mit einem Feuerzeug er wärmen, sofort in die Kerze einstecken und abkühlen lassen. Die Kerzen gleichmäßig in der Steckmasse verteilen. Die Zwischenräume mit weißem Sisal auffüllen und weiße kleine Pompons als Schneebälle zwischen den Kerzen ergänzen.

Weihnachtsstrauß

Die Amphore enthält einen ganz besonderen Weihnachtsstrauß aus Binsen und aufgesteckten Weihnachtskugeln in verschiedenen Größen und Farben. Die Aufhänger der Kugeln einfach entfernen und auf die Binsen setzen.

Glasschale

Eine große Glasschale bestückt mit gläsernen Schwimmkerzenhaltern und verschiedenen Weihnachtskugeln verbreitet kuscheliges Licht, sobald es draußen dunkel wird.

Weihnachtsschätze

Liebevoll ausgesuchte Kleinigkeiten versüßen die Vorweihnachtszeit: ein Adventskalender für Erwachsene, eine mit Süßigkeiten gefüllte Nikolausmütze oder die stimmungsvolle Dekoration auf der Fensterbank.

Dekorative Töpfchen

Weiße Zinktöpfe, gefüllt mit Sisal und großen Pinienzapfen oder vergoldeten Granatäpfeln, sind eine Zierde auf jeder weihnachtlichen Fensterbank. Einige lange Kiefernnadeln mit dünnem Stoffband zusammenbinden, mit Perlen verzieren und wie kleine Hütchen auf die Zapfenspitzen setzen. Die Töpfe mit Sternen aus Birkenrinde verzieren.

Adventskalender

Ein besonders originelles Mitbringsel in der Vorweihnachtszeit ist ein selbst gemachter Adventskalender. Für die 24 Überraschungen des Kalenders gibt es verschiedenste Möglichkeiten, z. B. weihnachtliche Rezepte, eine Fortsetzungsgeschichte in 24 Teilen, ausgesuchte Zitate und Sprüche oder einen Gesundheitstipp für jeden Tag. Für das Körbchen eine Kokosnusshälfte mit einem Henkel aus Draht versehen, diesen mit künstlicher Buchsbaumgirlande umwickeln. Das Körbchen mit 24 Papierröllchen befüllen, die Nummer 24 ist mit einem Sternenstab gekennzeichnet. Dafür einen Glasstern auf einen Schaschlikstab kleben und den Kleberand mit etwas Bast oder Band umwickeln.

Weihnachtsmütze

Eine selbst gemachte und üppig gefüllte Weihnachtsmannmütze ist eine schöne Geschenkidee. Dazu aus rotem Karton einen Viertelkreis mit 60 cm Radius zuschneiden und zur Spitztüte zusammenkleben. Den Mützenrand mit Watte oder Teddystoff bekleben, an der Mützenspitze einen weißen Pompon befestigen. Die Mütze mit Süßigkeiten, Mandarinen, Nüssen und kleinen Geschenken füllen.

Üppig dekoriert

Weihnachtszeit ist Dekozeit – jetzt darf es in jedem Raum auch ruhig etwas üppiger sein als sonst.

Weihnachtskugeln

Die Kugeln mit Strohseide und Klebstofflack in verschiedenen Farben bekleben. Dazu das Papier in Stücke reißen und auf den Kugeln fixieren. Jede Kugel nach dem Trocknen unterschiedlich dekorieren, z. B. mit kleinen Papiermotiven, bunten Glitzersteinen, Stofffröschen, Halbperlen, Fellborten und Federboas. Es gibt noch viel mehr Möglichkeiten – einfach das Nähkästchen und die Bastelschublade durchsuchen und die Inspiration kommt von ganz alleine.

Hängepartie

Für die filigranen Ornamente vier Schichten Strohseide aufeinander legen, die Form ausschneiden und in der Mitte mit der Nähmaschine eine gerade Naht nähen. Am Anfang und Ende der Naht jeweils genügend Faden hängen lassen, damit unten verschiedene Perlen angeknotet werden können, der obere Faden dient als Aufhängung.

Drahtkranz

Für den Kranz verzinkten Bindedraht, 1,2 mm stark und etwa 50 m lang, wickeln. Für die Aufhängung drei Drahtstücke, jeweils 65 cm lang, abschneiden und beiseitelegen. Etwa mit der Hälfte des Drahtes einen Ring von etwa 55 cm Durchmesser formen, dabei den Draht nicht gerade ziehen. Den restlichen Draht jetzt kreuz und quer um das Grundgerüst herumwickeln. Zur Stabilisierung immer wieder Drahtschlaufen aus dem Kranz herausziehen und um danebenliegende Drahtwicklungen herumbiegen. Auf diese Weise weitermachen, bis ein stabiler Kranz entsteht. Für die Aufhängung die drei Drahtstücke in regelmäßigen Abständen an der Oberseite befestigen und alle zusammen zu einer Öse zusammenbiegen. Dabei darauf achten, dass der Kranz waagerecht hängt. Eine Lichterkette in dem Kranz platzieren.

Eiszeit

Die Natur ist eingeschlafen und Schnee bedeckt die Erde. Jetzt sind unsere Gartenvögel froh über etwas Hilfe. Vogelhäuser, Meisenknödel, Futterstationen werden gerne angeflogen.

Futterstation

Eine ausgehöhlte Kokosnussschale mit Meisenknödel bestückt ist jetzt heiß begehrt. In die Kokosnusshälfte zwei Löcher im Abstand von 2 cm bohren, ein 50 cm Stück Aludraht mittig knicken und ein Herz formen. Die beiden Drahtenden etwa 15 cm lang verdrehen und jeweils ein Drahtende durch jedes Loch fädeln. Innerhalb der Kokosnuss die Drähte nochmals verdrehen und damit fixieren. Aus einem der Drähte einen Haken für den Meisenknödel biegen, den anderen abzwicken.

Blütenpracht

Hier macht die Kombination von getrockneten Früchten und blühenden Blumen den besonderen Reiz aus. In eine hohe Glasvase eine schlanke Vase mit einer Amaryllisblüte stellen. Zwischen den beiden Gefäßen kleine Tannenzapfen, Weihnachtskugeln, Holzscheiben, Erdnüsse und andere getrocknete Weihnachtsfrüchte arrangieren.

Bezugsquellen

Seite 25
Schokoladenbecher: Lebensmittelhandel

Seite 28
Geschirr: „Dibbern Solid Color", Dibbern GmbH, www.dibbern.de (auch zu beziehen über www.oexle.com)
Rollrasen: Eubo Rollrasen GmbH & Co. KG, www.eubo-rollrasen.de

Seite 30
Stickmotive „Obst": Damali, www.damali.de

Seite 31
Buttons mit Beerenmotiven: www.innerland.de
http://de.dawanda.com/shop/innerland

Seiten 32–34, 45
Porzellanmalfarbe, Glasmalfarbe, Acrylfarbe, Leinwand: C. Kreul GmbH & Co. KG, www.c-kreul.de

Seite 44
Holzserviettenringe: Hobbyfachhandel

Seite 52
Stoffmalstift „Marabu Textilpainter plus": Marabu GmbH & Co. KG, www.marabu-kreativ.de
Flaschenkorken: Hobbyfachhandel

Seite 65
Salz- und Pfefferstreuer: Coppenrath GmbH & Co. KG, www.coppenrath.de
Deko-Fliegenpilze: Hobbyfachhandel

Seite 66
Sprühfarbe: „Dupli-Color Farbspray", C. Kreul GmbH & Co. KG, www.c-kreul.de

Seite 68
Tafelfolie: Hobbyfachhandel

Seite 71
Styroporformen, Filznadel, Filzwolle: Hobbyfachhandel

Seite 73
Grasstoff: Esro-Jersey Stoffvertrieb, www.esro.de

Seite 75
Gepunktetes Wachstuch: Groness – Stoffe & Zubehör, www.groness.de

Seite 77
Holzpilze: Holzdrechslerei Hartmut Körner, In der Au 15, 72406 Bisingen, 07471/15505

Bei allen Firmen, die uns großzügig Material zur Verfügung gestellt haben, möchten wir uns herzlich bedanken!

Impressum

Lektorat: Gisa Windhüfel, Freiburg
Fotos: Werbefoto Robold, Villingen-Schwenningen
Styling: Annette Diepolder, Villingen-Schwenningen
Fotos: Seite 96/97, Yvonne Rangnitt
Umschlaggestaltung: Yvonne Rangnitt, Freiburg
Layoutentwurf und Satz: Yvonne Rangnitt, Freiburg
Reproduktion: Meyle + Müller GmbH & Co. KG, Pforzheim
Druck und Verarbeitung: Himmer AG, Augsburg

ISBN 978-3-8388-3113-8
Art.-Nr. CV3113

Danke!
Autorin und Verlag bedanken sich ganz besonders herzlich bei Heike Wanner, die die Gedichte für die Einführungsseiten der einzelnen Kapitel geschrieben hat.
Heike Wanner hat im Ullstein Taschenbuchverlag die Romane „Der Tod des Traumprinzen" und „Frauenzimmer frei" veröffentlicht (www.heike-wanner.de).